무너지는 법을
먼저 배운
당신에게

지란지교 지음

목 차

작가의 말 _10

프롤로그 - 버티며 맞이하는 작은 순간들 _12

1장

상처로 만들어진 하루들 _16

저 예쁜 보름달도 부끄러워할 당신에게 _17

저녁노을이 증명하는 사랑 _19

이별을 한다는 것은 _20

그만큼 애쓴 당신에게 _23

관계는, 나를 지키는 일부터 시작해야 해요 _25

머물 사람은 결국 곁에 남아요 _26

사랑도 결국, 머물 사람은 머물러요 _28

놓치고 나서야 알게 되는 마음은 슬프잖아요 _29

놓치지 마요. 그 마음은 진심이었어요 _31

당신의 사랑은 늘 건강하기를 _32

이렇게 살아가요, 우리 _34

지나가면, 그냥 하나의 기억이 될 거예요 _36

너를 위해 너무 많이 내어준 나에게 _37

이번엔, 나를 잃지 않는 사랑이기를 _39

사랑이 남긴 흔적들 _40

기억의 한가운데에서, 다시 사랑을 준비하며 _41

언젠가 다시 마주친다면 _42

그 정도 아파했으면 사랑에 대한 '예의'는 충분히 했어요 _45

이제는 당신을 위한 시간이었으면 해요 _48

모든 관계를 붙잡을 필요는 없어요 _50

관계에도, 놓아야 할 때가 있어요 _53

지나간 시간에 머무는 마음 _55

머무름 속에서도, 당신은 자라왔어요 _58

이럴 거면, 그러지 말지 _59

감정이 밀려올 때는, 그냥 흘려보내요 _62

겨울의 끝자락, 그리운 너 _64

그리운 계절에도, 당신은 혼자가 아니에요 _67

사랑의 선택, 천국과 지옥 사이 _68

참지 말고, 나눠 가지세요 _71

별이 뜨지 않는 밤에도 _72

별이 사라진 밤에도, 빛은 남아요 _74

견디다 _75

버틴다는 건, 멈춘 게 아니에요 _76

함께 한다는 것 _77

좋은 곳에 마음을 쓰기로 해요 _79

너는 나를 살렸고, 나는 널 후회로 남겼다 _80

후회로 남지 않길 _82

나답게, 그럼에도 살아가기 _83

사랑을 흔드는 말 한마디 _85

마음 가는 대로 사랑하세요 _87

우리는 꼭 사랑받고 있기를 _88

이곳에서도 사랑받는 우리가 되기를 _90

아련한 기억 속 너 _91

그땐 그랬지 _92

마지막 부탁 _93

그 한마디에 담긴 무게 _94

괜찮아, 잘하고 있어 _96

말의 힘 _99

그대 꿈길 따라 내게 오셔요 _101

그대가 올 수 없다면 _103

마음에 새겨진 상처들 _104

상처가 남긴 증거 _106

눈물로 적신 밤 _107

밤에 남긴 것들 _109

친애하는 당신에게 _111

당신은 이미 충분히 강한 사람입니다 _113

흔적이 남아도 괜찮아 _115

상처도 당신의 빛입니다 _117

상처투성이일지라도, 나답게 _118

당신도 할 수 있습니다 _121

2장

사랑이었고 상처였던, 지나간 모든 사랑에게 _122

엉키지 않는 실처럼 _123

균형 위의 사랑 _124

산산이 부서진 눈부셨던 날들 _126

빛의 끝에서 _128

부서진 마음이 가르쳐 준 것들 _129

끝이 아닌 시작 _131

그리움이 스며드는 밤 _133

존재만으로도 충분한 당신에게 _135

새벽이 기다리고 있습니다 _137

가깝지도 멀지도 않은 관계 _139

적당한 온도의 관계 _141

아픔을 나누지 않고도 가까워질 수 있다면 _143

온전함을 지키는 방법 _145

사랑이 없었다면, 그리움도 없었겠죠 _146

그리움이 남아 있다는 건 _148

낮은 온도의 관계가 주는 따뜻함 _149

조용히 스며드는 온기 _151

사랑, 이해, 그리고 나를 지키는 일 _152

사랑의 또 다른 얼굴 _155

나를 지키기 위한 거리 _156

진짜 안전함이란 _158

찰나였지만 가장 찬란했던 날들 _159

우리만의 작은 우주 _161

무너지는 마음, 무너지는 나 _163

당신은 혼자가 아닙니다 _165

완벽하지 않아도 괜찮아 _167

당신은 그 자체로 충분합니다 _169

살아가면서, 의외로 고마운 사람들 _170

진실함을 잃지 않는 사람으로 살기 _172

외로운 순간을 나의 것으로 만들기 _174

혼자 있는 시간을 나만의 온기로 _177

그 밤이 지나면, 결국 아침이 올 거예요 _178

결국은 따스한 아침으로 이어질 거예요 _179

모든 흔적마저 사랑이었음을 _181

사랑이 남긴 빛과 그림자 _183

괜찮지 않아도 괜찮은 하루 _184

흔들려도, 괜찮아요 _187

아파도 괜찮아, 우리는 나아가고 있으니까 _188

지금 이 순간이 전부는 아니니까요 _191

예고 없이 찾아오는 위로 _193

관계의 거리를 다시 배워가는 시간 _194

사랑받고 싶은 나를 사랑하는 연습 _198

나를 먼저 사랑하는 용기 _202

그리움보다 따뜻함을 선택하기로 했다 _204
곁에 남아주는 기적 _207
누군가에게도 내가 위로가 되는 순간 _208
당신이 남긴 온기 _210

3장

괜찮지 않아도 괜찮아, 모두 살아낸 하루들이니까 _211
당신도 누군가의 위로였음을 _212
당신이 모르고 지나친 순간에도 _214
다정한 사람이 된다는 건 _215
여전히 불완전한 우리에게 _216
무너져 버렸다 해도 괜찮아. 다시 일어서면 돼 _217
다시 일어서는 당신에게 _219
눈물이 위로가 되는 순간 _220
모든 순간이 위로가 되는 날 _222
그저 그런 날도 있는 거야 _223
이유 없는 눈물도 괜찮아요 _225
그 감정도 결국엔 지나가 _226
모든 감정은 흘러간다 _228
내면의 목소리에 귀 기울이기 _230
잠시 멈춰야 들리는 소리 _231
작은 용기가 만든 첫걸음 _233

한 걸음이 열어주는 길 _236

지금은 잠시 쉬어가도 괜찮아요 _237

잠시 멈추어도 괜찮아 _239

결국, 그 또한 사랑이라는 것을 _240

다시 사랑을 준비하는 당신에게 _242

흔들리는 날들 속에서, 배운 것들 _244

흔들려도 괜찮다는 말 _247

조용히, 묵묵히, 그렇게 살아가길 _248

당신의 걸음에도 빛이 있다는 것 _250

포기하고 싶었던 순간, 스스로에게 전하는 따뜻한 위로 _251

스스로에게 보내는 말 _252

너 없이도 살아진 날들 _254

당신에게 전하는 조용한 권유 _257

아직은 괜찮습니다 _259

오늘의 나에게, 따뜻한 응원을 _260

조금 더 믿어보자, 지금의 나를 _262

생각보다 우리는 잘하고 있었다 _263

4장

그 모든 시간들이 결국 나를 지켜냈다 _266

넘어진 순간에도 우리는 일어서고 있었다 _267

넘어진 날들을 부끄러워하지 않기를 _269

견뎌낸 시간들은 모두 의미가 있었다 _271

끝이라고 생각했던 순간에도 _274

끝이라고 생각했던 순간에도, 우리는 _276

버거웠던 날들, 부여잡은 밤들 _277

서툴렀지만, 결국은 진심이었다 _279

다만 느렸을 뿐이야 _281

조금 늦어도, 결국 나아가고 있는 우리 _283

어느 외로운 마음에 전하는 글 _285

당신은 이미 충분히 강한 사람입니다 _287

오죽했으면 _289

당신은 사랑 앞에서도 충분히 진심이었어요 _291

가장 애틋한 거짓말 _292

거짓말 속에 담긴 진심 _293

그렇다고 너무 자주 돌아보지는 말고 _295

돌아봄 속에서 얻은 힘 _297

단 한 걸음이면 충분하니까요 _298

에필로그 _301

작가의 말

무너졌던 날들이 있었습니다.

아무 일도 일어나지 않아도, 그저 하루를 살아내는 것만으로도 벅찼던 시간들이요.

그 시절의 나는 자꾸만 작아졌고, 누구에게도 괜찮지 않다고 말하지 못한 채 조용히, 조금씩 무너지고 있었습니다. 그런 나를 붙잡아 준 건 거창한 위로가 아니었습니다.

길가의 고양이, 예상치 못한 웃음, 사소한 다정함들
문득 피식 웃게 만든 작은 순간들,
그 모든 것들이 조용히 말해주었습니다.

그리고 나지막이 속삭였습니다.

"너는 아직 살아 있고, 지금도 잘 버티고 있는 중이야."

그때 알게 되었습니다.

버틴다는 건 결코 초라한 일이 아니라고. 무너지지 않기 위해 안간힘을 쓰는 것만으로도 우리는 충분히 대단한 존재라는 걸요.

그래서 이 글들을 써 내려갔습니다.

상처 입은 날들, 애써 웃었던 순간들, 조용히 흐느끼던 밤들을 견뎌낸 나와, 지금 이 글을 읽고 있는 당신을 위해서요.

부디, 당신의 어떤 하루가 무너졌더라도 이 글이 그 하루의 끝에서 작게나마 손을 내미는 위로가 되었으면 합니다.

이 책은,
그저 당신에게

"괜찮다"라고 말해주고 싶었던 사람의 기록입니다.

프롤로그 - 버티며 맞이하는 작은 순간들

삶이 너무 힘들어 지쳐가던 중 어느 시기엔, 하루에도 몇 번씩 마음이 바닥까지 내려앉곤 했다. 눈을 뜬 순간부터 저녁이 될 때까지, 말로 다 하지 못할 무게들이 가슴 한가운데 눌러앉아 있던 날들.

괜찮은 척, 아무렇지 않은 척하면서도 속으로는 무너져 내리는 감정을 하루에도 수십 번씩 마주하곤 했다.

그렇게 겨우겨우 버티던 어느 날,

아무 생각 없이 켠 개그 프로그램에서 나도 모르게 피식, 웃음이 났다. 길을 걷다 보았던 주인과 함께 산책하는 강아지 한 마리가 작은 체구로 총총 뛰어가다 주인의 발에 착 달라붙는 모습이 괜히 귀여워서 또 한 번 웃음이 났고, 구석진 틈에서 그루밍을 하며 자신을 예쁘게 단장하는 길고양이를 보고 그 모습이 너무 귀여워서 아무 말 없이 피식 입꼬리가 올라갔다.

그리고 집으로 돌아와 몸을 침대에 눕히기 전, 문득 생각이 들었다.

'아… 이 지독한 날들 속에서도
이렇게 문득 웃게 되는 순간이 오기는 오는구나.'

좋은 날은 아닐지 몰라도, 좋은 순간은 그렇게 예고 없이 찾아오기도 하는구나. 그때 깨달았다. 버틴다는 건, 단순히 견디는 게 아니라 어떻게든 살아내고 있다는 증거라는 걸.

*

버틴다고 해서 곧바로 행복해지는 건 아닐 거야.

하지만 그 시간들 속에서 내가 느꼈던 감정들, 말로 설명하긴 어려운 그 무게를 지금 이 글을 읽고 있는 당신도 어렴풋이 느껴보았을 거라 생각해.

지금 만약

당신이 조금씩이라도 무너지고 있다면, 조금은 느리고, 불안하더라도. 어떻게든 다시 일어났으면 좋겠어

흔들려도 괜찮고, 잠시 멈춰서도 괜찮으니 조금씩 이라도 좋은 순간들을 마주할 수 있도록 오늘도 그리고 내일도, 그 시간들 끝에서 결국 당신의 마음 한켠에 작게라도 웃을 수 있는 순간이 조용히 피어나기를 바라.

1장
상처로 만들어진 하루들

넘어졌다는 걸 깨닫기도 전에 이미 나는 바닥에 주저앉아 있었다. 그 시절의 하루는 단순히 흘러가는 시간이 아니라, 버텨내야만 하는 시간이였다.

차갑게 스미는 바람 속에서 숨막히던 순간들
몸이 무거워 이불 밖으로 나오지 못했던 아침들

그 모든 날들은 무너짐의 흔적이었다.

그러나 뒤돌아보니, 그 무너짐조차 나를 단련시키고 있었다. 어둠은 길을 잃은 나를 감췄고, 침묵은 내 안의 가장 깊은 목소리를 드러내게 했다.

나는 쓰러져 있었지만, 마음은 조금씩 다시 일어서고 있었다.

비틀거리면서도, 울면서도, 조용히 다시 걸음을 옮기고 있었다.

저 예쁜 보름달도 부끄러워할 당신에게

자존감이 바닥을 치는 날에는
무엇보다 이 말을 먼저 전하고 싶어요.

당신이 얼마나 고단한 하루를 견디고 있는지
나는 조금은 알고 있으니까요.

세상과 타인이 상처를 주고,
그로 인해 숨 쉬는 일조차 버겁게 느껴질 때가 있죠.

그럴수록 부디,
포기하지 말고 살아가 주세요.

흔들리더라도, 꺾이지 않기를.

우울감에 눌려 방 안에 갇혀 있다면,
비록 마음이 따라주지 않더라도
한 걸음씩만, 정말 조심스레 바깥으로 나와 보세요.

거리의 풍경들을 바라보며
세상이 조금은 덜 차가울 수도 있다는 걸
마음 어딘가에 새겨두면 좋겠어요.
천천히, 아주 천천히 걸어도 괜찮아요.
늦는다고 아무도 당신을 나무라지 않아요.

자존감이 낮다고 해서
당신의 존재가 작아지는 건 아니에요.

당신은,
한 달에 한 번 떠오르는 보름달보다도
가끔 두 번 뜨는 블루문보다도
더 귀하고, 더 눈부신 사람이에요.

그러니
제발, 기죽지 마요.
당신은 지금도 충분히 아름다우니까요.

저녁노을이 증명하는 사랑

사랑을 했다는 건,
결국 이별을 겪었다는 말이죠.

그 사람의 삶이 나의 시간에 잠시 스며들었다가
천천히 빠져나가는 일.

우리가 함께 웃었던 날들, 그 순간의 공기와 눈빛,
그리고 내가 앞으로 살아가야 할. 몇 달, 몇 년의 시간까지 함께 데려간 채, 그 사람은 그렇게 떠나간 것이겠죠.

이별은, 기억에서 사라지는 게 아니라.

마음속 어딘가에 조용히 남아 그리움이라는 이름으로
계속 살아 숨 쉬는 일이에요.

그리고 그런 이별은, 한때 세상을 물들이던 저녁노을처럼.

아름다웠던 사랑이
정말 존재했었다는 증거이기도 하답니다.

이별을 한다는 것은

그 사람의 손길, 눈빛, 말투,
그리고 수없이 들었던 웃음소리까지...

더는 현실이 아닌
기억 속에만 머물게 된다는 거야.

숨 쉴 때마다 가슴 어딘가가 저릿해지고, 그 아픔은 말로는 다 닿지 않는 고통이 될지도 몰라. 이별이 다가올까 봐 두려웠던 순간보다 이제 정말 그 사람이 곁에 없다는 사실이, 더 크게 밀려오는 순간들이 생길 거야.

우리가 함께했던 그 모든 순간을 언제까지 마음속에 품고 살아야 할까. 그리움은 생각보다 훨씬 더 오래, 더 깊게 남아 있을지도 몰라.

하지만 언젠가는

그 이별을 통해 그 사람이 얼마나 소중했는지를
더 깊이 알게 될 거야.

그러니 지금 너무 아프더라도, 당신의 마음이 천천히라도 괜찮아질 수 있도록, 그리움을 조용히 안아주며 오늘을 건너가면 돼.

*

후회 없는 사랑을 했다 해도, 아프지 않은 이별은 없다는 것.

사랑이 깊었을수록, 함께한 시간이 소중했을수록 상처는 더욱더 깊게 스며든다는 것.

하지만 그 아픔마저도, 우리가 진심으로 사랑했다는 걸 증명하는 흔적이라는 것.

그것은 결코 실패가 아니라
진심이 지나간 자리라는 것.

그만큼 애쓴 당신에게

관계란, 서로의 마음을 이해하고 그 마음을 천천히 나누는 일이라고 생각합니다.

누군가와 가까워지기 위해 애쓴다는 건
진심으로 그 사람을 이해하고 싶다는 뜻이니까요.

그 과정에서 우리는

기쁨도, 설렘도, 그리고 서운함이나 상처 같은 감정도 마주하게 되죠. 그 모든 감정들이 결국 우리 사이를 잇는 작은 끈이 되곤 합니다.

당신도 어쩌면 지금, 그 끈을 놓지 않으려고 애쓰고 있을지도 모르겠네요.

그만큼 애쓴다는 건
당신이 그 관계를 진심으로 소중히 여긴다는 증거예요.

하지만, 의도치 않게 상처만 주고받는 관계라면.

너무 늦기 전에 자신을 먼저 살펴보아야 해요.
충분히 마음을 다했다면, 그 관계가 더 이상 당신을 아프게 만들기 전에 잠시 멈추거나, 조금은 물러나도 괜찮아요.

끝까지 잘 지켜야 할 인연도 있지만.

잘 떠나는 일 또한
우리 삶엔 꼭 필요한 용기랍니다.

관계는, 나를 지키는 일부터 시작해야 해요

관계는 언제나
서로를 위한 것이지,

한 사람이 일방적으로
자신을 희생하는 게 아니에요.

사랑하고, 이해하고,
맞춰가는 모든 과정에서도
가장 먼저 지켜야 할 건,

내 마음을 지키는 것이랍니다.

진정한 관계란
서로의 온기를 나누면서도
나 자신을 잃지 않는 것.
그럴 때 우리는 비로소
누군가에게 따뜻한 사람이 될 수 있어요.

머물 사람은 결국 곁에 남아요

당신도, 나도
누군가에게는 좋은 사람일 테고

또 누군가에게는
그저 불편한 사람일 수도 있어요.

누구에게나 좋은 사람이 될 수 없듯이, 세상 모든 이에게 사랑받을 수는 없죠. 그렇다고 모든 이에게 미움을 받는 것도 아니에요.

사람은 저마다 다르고 서로 다른 방식으로 세상을 바라보며 살아가니까요.

그들이 나를 어떻게 생각할지는 내가 알 수 없는 일이지만, 그 생각에 너무 마음 쓰지 않았으면 해요. 결국, 진짜 나를 아는 사람들은 말하지 않아도 내 곁에 머물 것이고, 나를 이해하지 못하는 사람들은 언젠가 자연스럽게 멀어지게 될 테니까요.

그러니 당신은,
그 모든 시선 속에서 조금 더 가볍게 숨 쉬었으면 해요.

사랑도 결국, 머물 사람은 머물러요

사랑도 그래요.

진심으로 나를 사랑한다면 머물 테고, 그렇지 않다면 결국 떠나겠죠.

그러니 이제는
애쓰느라 지친 당신의 마음부터
조용히 감싸안아 주세요.

그 정도로 애썼다면,

당신은 이미
이별에 충분한 예의를 다한 거예요.

이제는,
당신 스스로를 아껴줄 차례예요.

놓치고 나서야 알게 되는 마음은 슬프잖아요

당신이 짜증이 날 만큼
사소한 일에도 자꾸 미안하다고 말하는 사람이 있다면,
그 사람은 당신에게만큼은 정말 좋은 사람이에요.

그렇게 자주 미안하다고 말하는 건.

그만큼 당신을 존중하고, 당신과의 인연을 가볍게 여기지 않기 때문이에요.

작은 말 한마디에도
자신의 진심이 오해받지 않길 바라는 마음.

그건,
진짜 마음을 가진 사람만이
보여줄 수 있는 예쁨이거든요.

그러니 혹시,
그 사람에게 짜증이 날 때가 오더라도
그 사람이 얼마나 조심스럽게 당신을 아끼고 있는지를
먼저 떠올려 줬으면 해요.

특히, 그 상대가 연인이라면 더더욱 말이에요.

놓치지 마요. 그 마음은 진심이었어요

그러니

그 사람을
너무 쉽게 놓아버리지 말아요.

뒤늦게 후회하면서
그리움으로 가득한 나날을
살게 되지 않도록.

진심을 다한 사람을 놓치면
그 미안하단 말마저

나중엔 그리워질 거예요.

당신의 사랑은 늘 건강하기를

당신의 사랑이
늘 행복했으면 좋겠어요.

하지만 그보다 먼저, 당신의 사랑이 늘 건강했으면 좋겠어요.

사랑은 늘 행복할 수 없기에,

행복만을 바라기엔 우리가 마주하는 감정이
너무 복잡하고, 너무 많잖아요.

혹시 이별이 찾아오더라도 후회라는 병을 남기지 않도록, 그 사랑이 남긴 아픔보다 함께했던 따뜻한 순간들이 더 많이 기억되었으면 해요.

서운함을 채우기 위해. 상대에게 무리한 희생을 요구하지 않고, 나 자신조차 상처로 남는 말을 하지 않기를 바라요.

사랑할 때는 온 마음을 다하고, 끝을 선택하게 되었을 땐 그 마음까지도 존중할 수 있었으면 해요.

서로가 진심이었다면, 이별로 끝나더라도 그 사랑만큼은 아름답게 남을 테니까요.

헤어진 뒤, 주변 사람들에게 그 사람을 깎아내리기보다. 그 관계의 끝을 결정하기까지 얼마나 많은 고민과 아픔이 있었을지를 조금만이라도 이해해 주었으면 해요.

그래서
당신의 사랑은 늘 건강했으면 좋겠습니다.

그리고,
당신의 사랑이 늘 행복했으면 좋겠습니다.

이렇게 살아가요, 우리

지친 하루를 마치고 텅 빈 집에 들어와 참아왔던 눈물을 목 놓아 쏟아냈던 밤이 있었어요.

끝이 없는 어둠 속에서 단 한 줄기 빛이라도 간절히 바라던 그런 시간들도 있었죠.

한없이 차갑고 너무나도 서글펐던 날들.

그때는 도무지 끝이 없을 것 같았는데 이상하게도 시간이 흐르고 나니, 그 아픔들조차 지금에 비하면 아무것도 아니더라고요.

그 시절엔 정말 힘들었지만
결국엔 조금씩 괜찮아지더라고요.

물론, 지금도 여전히 버거운 날들이 있고 앞으로도 쉽지 않은 순간들이 또 오겠지만, 그 속에서도 잠깐 웃을 수 있는 순간이 분명히 찾아오더라고요.

그렇게 짧은 순간들이 하나, 둘, 모여서 비록 '행복'까진
아닐지라도 작은 기쁨 정도는 우리 삶에 남겨주더라고요.
그러니까,
제발 나쁜 생각은 하지 말고 살아가요, 우리.

차가웠던 날들과
서글펐던 마음은

이제 천천히 흘려보내고

앞으로 올 좋은 순간들을 기대하며,
그렇게 살아가요, 우리.

지나가면, 그냥 하나의 기억이 될 거예요

그땐 정말
모든 게 끝난 것 같았지만

지나고 나면 결국
수많은 기억 중 하나가 되더라고요.

지금도 힘들고
앞으로도 어려운 순간이 오겠지만

미리 겁먹지 말고
지금 마음에 들이치는
나쁜 생각들은

그냥 조용히 흘려보내요.

그리고,
앞으로 올

조금은 따뜻한 순간들을 기다리며 살아가요.

너를 위해 너무 많이 내어준 나에게

지친 마음으로 인해
아무것도 할 수 없을 만큼.
온몸이 얼어붙는 순간들이 찾아올 때가 있어요.

숨조차 쉬기 버거운 밤, 그런 날 말이에요.

문득 정신을 차려보면 감정이 솟아오른 채,
수도관이 터진 것처럼
엉엉 울고 있는 나를 마주하게 되죠.

말로 다 표현할 수 없는 무너짐이랄까

뜻대로 되지 않는 게 않는 게 사랑이라지만,
어떻게 이럴 수가 있는지 하며, 끝내 붙잡지 못한 마음을 혼잣말로 중얼거리며 애도하게 되죠.

하지만,
지금 이 글을 읽고 있는 당신이 이별의 한가운데에 있다면 다음 사랑에서는, 조금 더 나를 먼저 챙기는 사랑을 했으면 좋겠어요.

때로는 양보도 필요하지만, 상대방에게 너무 많은 걸 내어주면서 스스로를 잃어가면서까지 상대방에게 헌신하지 않았으면 좋겠어요.

서로가 다르다는 것을 인정하면서, 그것을 맞추려고 애쓰기보단, 서로를 존중하고 같지 않음을 인정하면서 조금씩 조율하며, 함께 나아가는 사랑을 했으면 좋겠어요.

이번엔, 나를 잃지 않는 사랑이기를

이별의 아픔 속에서
결국 남는 건

상처투성이가 되어버린 나 자신뿐이에요.

그러니
당신의 다음 사랑은
나를 위한 사랑이었으면 좋겠어요.

상대에게 맞추기만 하느라 나를 잃어버리지 말고,

다음번엔 꼭, 나를 희생하는 사랑 말고, 함께 성장하며
서로를 지켜주는 사랑을 하길 바라요.

사랑이 남긴 흔적들

헤어진 지 얼마 되지 않은 당신은,

하루에도 몇 번씩 가슴을 움켜쥐고, 숨이 턱 막히듯
조용히 울고 있겠지.

헤어진 지 몇 달이 지난 당신은,
문득 그 사랑을 떠올릴 때마다 분명 울어버리겠지.

그리고 오랜 시간이 흐른 지금도
여전히 그 사람을 잊지 못하는 당신은,

아마도 쓴웃음을 지으며 하루에도 몇 번씩
조용히 한숨을 내쉬고 있겠지.

기억의 한가운데에서, 다시 사랑을 준비하며

질서 없이 뒤엉킨 기억의 조각들 속에서, 인생에 선명하게 남아 있는 그 한 사람을 마음속에 꼭 간직한 채 살아가고 있는 당신에게, 조용히 전하고 싶은 말이 있어요.

그러니 울음이 터져 나올 땐 참지 말고 마음껏 울어버리길

때로는 누군가에게 기대기도 하며, 혼자 있는 시간보다 억지로라도

사람들과 함께하는 시간을 더 가지려 애쓰기를

그렇게 조금씩 당신의 마음을 회복하며, 예고 없이 찾아올 다음 사랑을 준비했으면 좋겠어요.

그때가 되면 분명,

당신은 그 어느 때보다
더 나은 사랑을 하게 될 거예요.

언젠가 다시 마주친다면

어느 계절의 길목이든, 어느 거리의 어귀든

언젠가 정말 우연히라도
당신을 마주치는 날이 올지도 모르겠습니다.

그날이 온다면,
오래 마음속에 담아두었던 이 말을 조심스럽게 꺼내고 싶습니다.

혹시라도,
가끔 나를 떠올릴 때 괜히 미안한 마음이 따라왔다면 그 마음은 이제 놓아도 괜찮다고요.

우리의 이별 뒤로, 쉽지 않은 시간들도 있었지만.

오랜 시간이 흐른 지금에서야 당신에게서 참 많은 것을 배웠다는 걸 알게 되었습니다.

사랑하는 법, 그리고 사랑받는 법을 당신을 통해 처음 배웠고, 평생 몇 번이나 지어볼까 싶은 진심 어린 웃음도 당신 덕분에 내 얼굴에 머물렀습니다, 당신의 손에 이끌려 한 번도 가보지 않았던 카페에 처음 들어섰던 기억도, 그 안에 스며 있던 향기와 햇살까지 아직도 선명해,

그날의 공기,
그날의 대화,
그날의 따뜻함

그 순간들이 그립지만. 그만큼 따뜻하게 남아 있습니다.

그 외에도
당신에게서 배운 수많은 좋은 기억들을 떠올려 보면,

나빴던 건 단 하나.

우리의 헤어짐뿐이었다는 걸. 그리고 그걸 시간이 지나 조용히 깨닫게 해준 당신이, 참 고맙습니다.

그리고 이제는 다가올 또 다른 사랑을
조금 더 나답게 마주할 준비가 되어 있다는 것도요.

예전보다 조금은 더 단단해졌고, 조금은 더 부드러워졌
으니까요.

그러니 언젠가,
정말 우연히라도 다시 마주친다면

그때는 꼭,

고마웠다고
정말, 고마웠다고 말하고 싶습니다.

그 정도 아파했으면 사랑에 대한 '예의'는 충분히 했어요

아마 누구나 한 번쯤은
그런 마음을 품어본 적이 있을 거예요.

"할 수만 있다면, 그 사람 곁에 평생이고 싶다."

그저 곁에 있는 것만으로도 충분했던 마음. 아무것도 바라지 않아도 그 사람과 함께라면 그저 행복했던 마음. 어떤 사람은 그 마음을 현실로 만들었고, 또 어떤 사람은 끝내 닿지 못한 채, 그저 소원으로만 남겨두었을지도 몰라요.

그리고 그 소원을 이루었던 사람들 중에서도 먼저 떠난 이가 있었을 테고, 먼저 남겨진 사람도 있었을 거예요.

함께하지 못한 이들과
함께했지만 끝내 남겨진 이들.

그들은 어쩌면
지금도 여전히 그 마음을 떠올리며, 그 시절의 온도를 붙잡은 채 살아가고 있을지도 모르겠지요.

그래서,
그런 당신에게
꼭 전하고 싶은 말이 있어요

그만큼 애썼으면, 그 사랑에 대한 예의는 이미 차고 넘치게 지켰다고.

그러니 이제는, 그 시간을 아파하는 데에만 쓰지 않았으면 해요. 그 사람의 마음보다 당신 자신의 마음을 먼저 들여다봤으면 좋겠어요.

그 사람 곁이 아니어도, 당신이 웃을 수 있는 이유는 분명 존재할 테니까요.

사랑은, 마음을 다 주는 일이라고 하기도 하고, 내 마음을 나눠주는 일이라고 하지만. 그 마음이 이별 뒤에 오래도록 아픔으로 이어지지 않았으면 해요.

그 사람에겐 당신이 전부가 아닐 수도 있다는 사실을
조금씩 받아들이고, 그 아픔을 조금씩 내려놓을 수 있었
으면 해요.

그리고 언젠가,
이 모든 것을 버텨낸 당신은
분명 더 단단해져 있을 거예요.

사람을 대하는 방식도, 사랑을 믿는 마음도 조금은 더
깊고 너그러워진 사람이 되어 있을 거예요.

그러니 지금은,
아직 많이 힘들고 지칠지라도

부디 너무 오래
자신을 괴롭히지 않기를 바라요.

이제는 당신을 위한 시간이었으면 해요

그러니,
그 소중한 시간을

더 이상 아파하는 데에만
쓰지 않았으면 해요.

이제는
당신 자신을 위해

한 걸음씩
성장하는 데에
그 시간을 써보길 바라요.

이미 끝나버린 사랑에
더 이상 당신의 오늘을 빼앗기지 않았으면 해요.

당신은 그보다 더 소중한 사람이니까요.

그러니 이제 그만 애쓰고, 조금씩이라도 당신 자신을 위해 시간을 써보길 바라요.

그렇게 하루하루, 더 나은 당신으로 나아가길.

그렇게 후에,

그 마음의 무게만큼,
당신은 분명
충분히 잘하고 있을 거라 믿어요.

모든 관계를 붙잡을 필요는 없어요

살아가다 보면
관계는 마치 계절처럼 변합니다.

햇살이 따뜻한 봄날처럼
모든 것이 순조로운 때도 있고,
거센 바람이 불어와
꽁꽁 얼어붙는 겨울 같은 때도 있습니다.

어떤 위기는
한순간에 관계를 무너뜨리기도 하고,
또 어떤 위기는
끝까지 버텨보겠다는 마음을 주기도 하죠.

하지만 그 과정에서
흔적 하나 남지 않는 상처는 없습니다.

그래서 때로는
정면으로 맞서기보다
살짝 비켜서는 지혜가 필요합니다.

잠시 거리를 두면
더 큰 상처를 막을 수도 있고,
그 거리가
다시 앞으로 나아가는 발판이 되기도 합니다.

물론,
모든 위기를 피하라는 말은 아닙니다.

하지만 분명한 건,
끊어낼 땐 확실히 끊어내야 한다는 것.

존중받지 못하는 관계를
억지로 이어간다고 해서
당신이 더 빛나는 사람이 되진 않습니다.

필요 없는 가지를 잘라내야
나무가 건강해지듯,

불필요한 인연을 내려놓아야
당신의 삶도 숨을 쉽니다.

그리고 그렇게 잘라낸 자리엔

언젠가 새순이 돋듯

당신을 존중하고 사랑하는 사람들이
조용히 자리를 채울 겁니다.

관계에도, 놓아야 할 때가 있어요

관계 속에서 받는 상처는
때로 우리를 단단하게 만들지만,
그렇다고 모든 인연을
끝까지 붙잡아야 하는 건 아니에요.

존중받지 못하는 관계라면
손을 놓는 것이 오히려 나를 지키는 일입니다.

피하는 것도,
끊어내는 것도,
모두 나를 위한 용기일 때가 있어요.

그리고 나면,
곁에 남아 있는 사람들은
정말로 당신을 아끼는 사람들이라는 걸
다시 한번 새롭게 깨닫게 될 거예요.

그러니 불필요한 관계에
마음을 낭비하지 말고,
나를 먼저 존중하는 삶을 살아가길 바랍니다.

지나간 시간에 머무는 마음

너와 함께했던 첫 여행,
둘째 날의 아침.

햇빛이 부엌 창으로 살짝 스며들고,
그 빛 속에서 소박한 아침상을 차리던 너.

수수한 옷차림,
묘하게 느려진 손놀림,
그리고 아무 말 없이 흘러가던 공기마저

나는 그 모든 순간을
가슴 깊이 품으며 속으로 말했다.

"사랑한다."

그때의 너는
존재하는 것만으로도

눈부신 사람이었고,

그 장면은
아직도 내 기억 속에
따뜻하게 살아 있다.
많은 시간이 흐른 지금,
너는 어떻게 지내고 있을까.

여전히 작은 행복을 누리며 살고 있을까,
아니면 나처럼
가끔 그날의 빛과 공기를
불러내고 있을까.

그리고 언젠가 깨달았다.

어느 날,
불현듯 그 장면이 떠오르자
가슴이 또 한 번 무너지는 걸 느꼈을 때.

너는 이제
내게 현실이 아니라는 것.

그건 추억이고,
그리움이고,
이미 멀어진 시간이라는 것.

나는 그날 이후로도
수많은 날을 살아왔지만,
마음 한 켠은 여전히
그 아침 식탁 앞에 앉아 있었다.

견뎌왔다고 생각했지만,
사실은 그저
거기 머물러 있었던 거구나.

                              그렇게 견뎌내기 '만' 했구나

머무름 속에서도, 당신은 자라왔어요

머문다고 해서
성장하지 않는 건 아니에요.

버티고 견디는 시간은
당신을 더 단단하게 만들었을 거예요.

지금 이 순간,
여전히 하루를 살아내고 있는 당신이.

그 증거예요.

큰 고통을 짊어지고도
자신의 자리를 지키며
묵묵히 살아온 당신

그건 이미
당신이 잘 해내고 있다는 뜻입니다.

이럴 거면, 그러지 말지

잠들기 전,
깨어난 직후,
그리고 하루를 다 보내고 다시 눈을 감을 때

그 모든 순간에
습관처럼 되뇌는 문장이 있었어요.

"매 순간, 존재하는 것만으로도
가슴 저리게 아름답다는 걸 잊지 말아라."

오늘 하루가 버겁고,
마음이 고통에 잠식되더라도
그 아픔조차 언젠가 우리가 나눈 빛의 잔향임을
스스로 다독이며 살아가려 해요.

그럼에도 불구하고
아침을 여는 첫 숨과

밤을 닫는 마지막 숨 사이에
나는 여전히 그 사람을 불러내곤 해요.

그래서였을까요.

시간은 흘렀고,
그 사람과 걸었던 거리를 수없이 지나왔지만
이제는 얼굴마저 희미해졌다고 믿었는데

그날,
바람이 적당히 불고
햇살이 너무 강하지 않은 오후,

무심한 발걸음으로 길을 걷던 내게,
낯익은 목소리가 스쳤죠.

마치 자주 듣던 오래된 음악의 첫 음처럼,
그 한마디에 발걸음이 멈추고
심장은 제멋대로 속도를 높였습니다.

"그럴 거면 처음부터 그러지 말지."
"이럴 거면 나를 왜 그토록 불렀던 거야."

뒤돌아본다면
그 자리에서 울어버릴 것 같아
눈 끝이 시큰해졌었어요.

사람 마음을 다 가져가 놓고,
이제 와서 아무렇지 않게
내 이름을 부르는 건 대체 무슨 의미인지

나는 그날,
대답을 할 수 없었습니다.

감정이 밀려올 때는, 그냥 흘려보내요

그래요,
한날한시도 잊을 수 없을 만큼
계속 생각날 거예요.

눈물 날 정도로 그리워지고,
그로 인해 숨조차 제대로 쉬기 힘들 만큼,

소리 내어 울 수 없을 만큼.

조용히 울다
그대로 주저앉게 되는 날도 있을 거예요.

그 외에도 수많은 장면들이,
당신 앞에 불쑥불쑥 들이닥칠 거예요.

그 시간들이 얼마나 이어질지는
아무도 알 수 없죠.

하지만 하나만 약속해요.
나쁜 생각은 하지 않기로.

감정이 몰려오면
억지로 밀어내기보다
당신만의 속도로 흘려보내길 바랍니다.

그렇게 시간을 견디다 보면
어느 순간,
별일이라 믿었던 일들이
정말 별일 아니게 되는 날이 찾아올 거예요.

그리고

혼자 버티느라 참 수고 많았습니다.

이제는 다시 빛날 일만 남았네요?

겨울의 끝자락, 그리운 너

짧디짧았던 가을이 물러나고,
차가운 바람이 골목 끝까지 스며들던 어느 날,
우리는 처음 마주쳤다.

첫눈에 마음이 기울어
나도 모르게 새어 나온 한마디,
그 말로 우리의 이야기가 시작됐다.

그해 겨울은 유난히 길었다.
바람이 세차게 불어
심장까지 얼어붙을 것 같았던 날,

백일이자 크리스마스였던 그날에도
우리는 서로에게 축하와 축복을 건넸다.

하지만 그 길 끝에서
나는 너와 작별해야 했다.

이별이란 건,
짧은 계절처럼 금방 지나갈 줄 알았다.
사랑이 처음이 아니었기에
곧 괜찮아질 거라 믿었다.
하지만 아니었다.

그로부터 3년이 지났다.
겨울이 올 때마다
나는 여전히 같은 자리에서,
그날의 거리와 그날의 공기를 떠올린다.

흐릿해져야 할 너의 얼굴은
오히려 눈발 속에서
더 선명하게 피어난다.

그리고 알았다.
함께 밥을 먹고
같이 거리를 걷는다는 단순한 일이
없어졌을 때,
세상은 이렇게까지 달라질 수 있다는걸.

너 없는 겨울은

아무리 햇빛이 비쳐도

따뜻해질 수 없다는걸.

그리운 계절에도, 당신은 혼자가 아니에요

알 수 없는 눈빛으로
당신을 바라보던 그 사람의 모습이,
아마 세상에서 가장 따뜻한 순간이었을 거예요.

그때를 떠올리면
코끝이 시려오고,
눈시울이 금세 젖는 그런 계절이 있죠.

다시는 돌아갈 수 없는,
그리움과 담담함이 함께 머무는 시간.

그 모든 기억을 안고 살아가는 당신에게
이 말을 건네고 싶어요.

"그 계절이 다시 돌아와도, 당신은 혼자가 아니에요.
혹시 괜찮다면, 오늘은 눈 내리는 거리를 함께 걸어줄게요."

사랑의 선택, 천국과 지옥 사이

인간은 서로에게,
천국이 될 수도, 지옥이 될 수도 있습니다.
그리고 그 경계는,
대부분 '사랑' 안에서 더 극명해집니다.

어떤 사랑은
햇살 아래서 피어나는 꽃처럼 따뜻하고,
어떤 사랑은
긴 장마처럼 마음을 잠식하죠.

그래서일까요.
사랑 앞에서 '선택'이라는 단어는
언제나 조심스럽습니다.

그때 전하지 못한 말, 그때 보지 못한 마음
모두 그 순간엔 최선이라 믿었지만, 시간이 흐르면 '후회'라는 이름으로 되돌아오기 때문입니다.

사랑을 할 때,
그런 사람들이 있습니다.
자존심 때문인지,
아니면 스스로를 지키려는 마음 때문인지
힘든 일이 있어도
아무 말 없이 삼켜버리는 사람들.

하지만, 말하지 않으면
상대는 알 수 없습니다.
당신이 언제부터 힘들었는지,
무엇이 마음을 짓누르는지

아무리 가까워도
표현하지 않으면 끝내 모릅니다.

그 작은 오해들이 쌓여
서로의 마음은 서서히 멀어집니다.

그러니, 이젠 조금 달라졌으면 합니다.

괜찮은 척을 거두고,
사랑하는 사람 앞에선 무너져도 괜찮습니다.

"오늘은 좀 힘들다."
"나, 요즘 많이 지쳤어."
"그냥 들어주면 돼."
그 한마디가
누군가에게는 세상에서 가장
간절히 원하던 초대장이 될지도 모릅니다.

당신은 위로받아야 마땅한 사람이라는 걸
잊지 않길 바랍니다

참지 말고, 나눠 가지세요

그동안 참느라
마음에 먼지가 수북이 쌓였을 거예요.

이제는 그 먼지를
누군가의 어깨에 살짝 내려놓아도 괜찮습니다.

당신이 무너지는 순간,
그 무게를 함께 들어줄 사람이
분명 곁에 있을 테니까요.

그러니 다음 사랑에서는.

천국과 지옥 사이의 줄 위에서
혼자 서 있지 않길 바랍니다.

별이 뜨지 않는 밤에도

저 위에,
멀리서 반짝이는 밤하늘의 별들.

그리고 별 하나 보이지 않는,
텅 빈 어둠뿐인 저 밤하늘도.

내 마음 어딘가에
여전히 당신이 머물고 있다는 걸

당신은 알까.

밤하늘 아래,
세차게 비를 쏟아내는 구름들은
어쩌면 약해 보이기 싫어, 꾹 참으며 서 있는 나를
조용히 지켜보고 있는지도 모르겠어요.

떨어지는 빗물 사이로
나는 눈물을 감추고 있었거든요.

그 누구도 모르게,
그 누구에게도 들키지 않게.

별이 뜨지 않는 밤에도,
비가 온종일 하늘을 적셔도,

내 마음속에는 여전히 당신이 머물고 있을 거예요.

별이 사라진 밤에도, 빛은 남아요

시간이 흐르면,
어쩌면 당신 없이도 괜찮아질 날이 올 거예요.

아픔이 덜한 하루가
조금은 느리게, 그러나 틀림없이 찾아오겠죠.

그날이 오기 전까지는,
나는 오늘도 그리움을 조용히 안고,
별이 뜨지 않는 밤하늘 아래서
내 안의 작은 빛을 지켜낼 거예요.

견디다

때로는 해답을 찾으려 애쓰지 말고,
그저 오늘을 버티는 데 집중해야 할 때가 있습니다.

버틴다고 해서
곧바로 행복이 찾아오는 건 아니지만,

그렇게 하루하루를 견디다 보면,
당신 앞을 가로막던 커다란 돌덩이들이.
조금씩, 하나씩
자리를 비켜 줄지도 모릅니다.

그렇게, 비워진 그 자리에
언젠가 고요한 온기가 번지고,
그 온기 속에서
당신의 하루가 조금씩 밝아질 거예요.

버틴다는 건, 멈춘 게 아니에요

그래서 어쩌면
'버티다'와 '견디다'라는 말이 존재하는지도 모릅니다.

숨이 가빠지고,
세상이 무겁게 내려앉는 하루라도,
그 시간을 끝까지 지나온 당신은
이미 무언가를 해낸 사람입니다.

완벽하게 괜찮아지지 않아도 괜찮아요.

단 한 걸음이라도,
어제보다 나아갔다면
그건 분명 의미 있는 발걸음이니까요.

그러니 오늘도,
한 발만 더 내디뎌 주세요.

당신이 걷는 이 길은
결코 헛된 길이 아닙니다.

함께 한다는 것

함께한다는 건,
좋은 사람과 하루하루를
겹겹이 쌓아 올리는 일입니다.

크게 특별하지 않은 날이라도,
곁에 있는 누군가의 온기 하나로
그 하루가 조금 더 따뜻해지는 순간이 있습니다.

물론 함께라서 슬픔이 더 깊어질 때도 있죠.

하지만 그 슬픔을 나눌 수 있다는 건
관계가 주는 가장 큰 선물인지도 모릅니다.

혼자 먹는 밥보다
마주 앉아 나누는 한 끼가 더 든든하고,
혼자 걷는 길보다
나란히 걷는 발걸음이 더 가볍듯.

그 모든 순간이
사랑하는 사람과 함께라면,
행복은 몇 배로 불어나고,
슬픔은 반으로 줄어듭니다.
그래서일까요.
우리는 미워하고 시기하기엔
너무 짧은 시간을 살고 있는지도 모릅니다.

사랑만 하기에도 모자란 날들 속에서
마음을 아픈 곳에 쓰지 않았으면 합니다.

서로의 하루에, 좋은 추억을 한 줌씩 더해 가길 바랍니다.

좋은 곳에 마음을 쓰기로 해요

함께 웃고, 함께 살아가는 일.
그 무엇과도 바꿀 수 없는 귀한 시간입니다.

서로가 서로에게 따뜻한 사람이 되어,
불필요한 감정에 마음을 낭비하지 말고
더 좋은 것들에 마음을 쓰기로 해요.

그렇게 만든 시간은,
훗날 돌아봐도 빛나는 장면으로 남을 테니까요.

너는 나를 살렸고, 나는 널 후회로 남겼다

모든 게 낯설던 시절이었습니다.

너무 어렸고,
처음 겪는 이별이라 외로움조차 낯설었습니다.
끝난 사랑이 미치도록 그리웠고,
홀로 남겨졌다는 사실이 견디기 힘들었습니다.

가끔씩은 누구라도 좋으니 나를 안아주었으면 하는 마음이었습니다.

그리고
그렇게 해서는 안 될 일을 당신에게 해버렸습니다.
내 마음이 다른 곳을 향해 있다는 걸 알면서도,
순간의 진심 같은 말로 "사랑한다"고 말했습니다.

그런데도,
구제불능 같던 나를 당신은 품어주었습니다.

마치 날 살려내겠다는 듯,
아무 대가 없이 사랑을 주었습니다.

이제야 알겠습니다.
그 사람이 아니라, 당신이 그리웠다는걸.
내 마음이 결국 당신을 향해 있었다는걸.

"후회라는 게 이렇게 지독한 것이구나."

당신을 잃고 나서야, 비로소 알았습니다.

후회로 남지 않길

당신의 사랑은 부디 후회로 남지 않길 바랍니다.

마음을 다 줬던 그 순간이

끝은 아팠다 해도,
시작과 과정만큼은 따뜻하게 남길 바랍니다.

그 사랑은 잘못된 것이 아니라,
그저 조금 일찍 끝났을 뿐이니까요.

언젠가 당신이,
그 사랑을 미소로 떠올릴 수 있기를 바랍니다.

나답게, 그럼에도 살아가기

사람은 누구나 선택의 갈림길 앞에 선다.

어떤 경우에는 선택지가 넓어지고,
어떤 경우에는 한 줄로 좁아진다.

그리고 그 선택의 결과는
아무도 정확히 예측할 수 없다.

아마 그래서일 것이다.

나도, 그리고 많은 사람들도
'나를 사랑한다는 것'이 무엇인지

수없이 고민해 왔고,
지금도 고민하고 있을거라 생각한다.

*

그래서 나는 이렇게 생각하기로 했다.

그냥, 나답게 살자.
인생은 어차피 변수가 넘치는 연속이니까.
하고 싶은 길을 가되, 너무 크게 벗어나지 않도록.

후회할 수 있다.
하지만 나를 잃지만 않는다면 괜찮다.
열 번 넘어져도 열한 번 일어서면 그만이다.

그렇게 살아왔고,
그게 곧 '나'라는 사람이다.

그러니 지금도, 앞으로도
나답게 살아가자.
그럼에도 불구하고, 지금껏 그래왔듯.

그러니 스스로를 의심하지 말고, 오늘도 그리고 내일도, 당신이 믿는 방향으로 나아가길.

사랑을 흔드는 말 한마디

연애에서 중요한 건 세 가지다.

서로의 안부를 묻는 연락,
숨 쉴 공간을 주는 여유,

그리고
절대 해서는 안 되는 말 한마디를 조심하는 것.

연락이 뜸해지는 순간,
마음 사이에 공백이 생기고 불안이 자란다.

과한 구속은 사랑을 답답하게 만들고,
결국 관계를 삭게 한다.

그리고 가장 치명적인 건,
감정에 휩쓸려 내뱉는 "헤어지자"라는 말이다.

그 한마디에 상대방은
"이 사람이 날 더 이상 사랑하지 않나?"
라는 불안을 품거나,
그동안 참아온 상처가 한순간에 무너져 내린다.

그리고 마음은 서서히, 그러나 확실히 이별 쪽으로 기울기 시작한다.

그러니 부디,
당신의 사랑이 후회로 남지 않기를

마음 가는 대로 사랑하세요

사랑이 처음이 아니라면 이미 알고 있을 거예요.

사랑이란 게, 마냥 설레고 행복하기만 한 게 아니라는 걸. 때로는 서운함도, 다툼도, 어쩌면 작은 상처마저도 함께 오는 감정이라는 걸요.

마음 가는 대로 사랑하되, 상대가 내 곁에 있다는 사실을 감사해하며 사랑하기를 바랍니다.

'마음 가는 대로 사랑하라'는 말은 내 마음만 편하자고 상대의 마음을 돌보지 않는 이기적인 사랑이 아니에요.

그보다는 상대의 마음을 먼저 헤아리고, 그 마음 위에 서로의 행복을 쌓아 올리는 사랑이길 바랍니다.

사랑은 결국 나 혼자만의 감정으로 완성되는 게 아니라, 함께 만들어가는 마음이라는 걸 당신도 알고 있을 테니까요.

우리는 꼭 사랑받고 있기를

만약 평행 세계가 존재한다면,

그곳의 당신과 나는
언제나 사랑으로 둘러싸여 있었으면 합니다.

아무 이유 없이 "잘하고 있어"라는 말을 듣고,
힘이 빠질 때면 따뜻한 손길이 등을 두드려 주고,
서툰 우리를 위해 진심 어린 충고가 건네지는,
그런 날들이 이어졌으면 해요.

이 세계의 나는

여전히 나를 사랑하는 법이 서툴지만, 그 세계 속의 나는 그저 숨 쉬는 것만으로도
충분히 사랑받으며, 미소 지으며 살아가는 사람이었으면 합니다.

여기서 우리는 가끔 외롭고,
때로는 깊이 가라앉는 날을 견뎌야 하지만,

그곳에서는 매 순간이 사랑으로 가득했으면 해요.

혹여 그 평행 세계마저
외로움과 우울로 채워져 있다면,

그건 참 슬픈 일이니까요.

그러니 그 세계에서는,
당신과 나, 우리 모두가 크고 따뜻한 사랑을 받으며
살아가기를 바랍니다.

이곳에서도 사랑받는 우리가 되기를

그렇기에, 이 세계에서도 우리,
스스로를 조금 더 따뜻하게 안아주길 바라요.

평행 세계가 꼭 존재하지 않아도 괜찮아요.

여기서도 서로를 사랑하고, 응원하고, 지켜주며
살아가면 되니까요.

비록 아직 나를 사랑하는 법이 서툴더라도,
그걸 배워가는 과정 속에서 우리는
충분히 사랑받을 자격이 있는 사람이에요.

그러니 이곳에서도,
우리 존재 자체가 소중하다는 걸
절대 잊지 않기를 바랍니다.

아련한 기억 속 너

사소한 것들이 하나둘 아득해져 가듯,
너와 함께했던 모든 날들도 이제는 저 멀리,
손 닿지 않는 거리에 있는 것처럼 조금씩 아련해져 가.

그런데도, 이상하게 '너'라는 존재 하나만은 여전히 이렇게 선명한 걸 보면
정말 많이 좋아했나 봐.

내가, 너를.

그땐 그랬지

문득 너의 모습이 떠오를 때면

"그땐 그랬지"라며 쓴웃음으로 대충 흘려보내곤 해.

하지만 막상

그때가 정확히 어땠는지는 잘 기억나지 않아.
참 이상하지? 너는 이렇게나 선명한데
우리 함께했던 날들은 자꾸 흐릿해져 가네.

마지막 부탁

당신 생각으로 빈틈없이 채워진 나의 하루는
늘 시작도 끝도 아쉬움이었습니다.

꿈속에서라도 당신을 만나길 바라며 잠들었고, 혹여 버려질까 두려워 애써 예쁜 표정으로만 당신을 마주했습니다.

늘 이기려는 당신에게 맞춰주고,
매일 밤 당신의 안부를 기다리던 내가

이제, 당신에게 마지막 부탁을 드립니다.

헤어져 주세요.

그 한마디에 담긴 무게

헤어짐을 고한다는 것이,
얼마나 벅차고 고된 일인지,
사람들은 얼마나 알고 있을까요.

그 한마디를 꺼내기 위해
얼마나 많은 마음의 힘을 쏟아야 하는지,

그 결정을 내리기까지
몇 번이나 마음을 접었다 펴고,

몇 번이나 밤새 고민하며
숨죽여 눈물을 삼켜야 했는지

아무도 모른 채,

그저 한 사람의 짧은 문장 하나로만 남겠지요.

"헤어지자."

그 한마디 뒤에

부서졌다 다시 세운 수많은 마음의 잔해들이
숨겨져 있는지도 모른채

괜찮아, 잘하고 있어

지친 마음으로 하루하루를 간신히 버티던 어느 날,
문득 친구의 목소리가 떠올랐습니다.

"너는 정말 빛이 나던 사람이었어.
지금은 단지 쉬고 있을 뿐이야"

"너는 이렇게 살 사람이 절대 아니야."

"병신처럼 살고 있다고 해서 그게 뭐?
쪽팔리는 짓만 안 하면 돼. 지금껏 그래왔듯이,
자책하지 마,"

지금 와서 생각해 보면,
그때는 흘려들었던 말들이 모여

"참 애썼다"
"고생 많았네"

"잘하고 있어"

요즘 들어 자주 읽고 자주 쓰게 되는
이 세 가지의 말들이 되었음을 깨닫습니다.

그 말들은 이제,
나를 붙잡아 주는 언어가 되었고

누군가에게는
다시 일어설 수 있는 이유가 분명하기에,

당신들도 언젠가 또 힘이 들어
무너지는 순간들이 오더라도,
그때마다 스스로에게 말해 주길 바랍니다.

"괜찮아 잘하고 있어."

그리고,

상처받고 무너지기 직전인 누군가에게,
다시 일어설 수 있게 만드는 큰 힘을,

언제 어디에서, 어떠한 상황이 닥쳐오더라도
굳세게 헤쳐나갈 수 있는 강함을.

그 말들이,

당신에게도 그리고 누군가에게도,
끝내 앞으로 나아가게 하는 용기가 되기를

말의 힘

"괜찮아, 잘하고 있어."

라는 이 말은,
한때는 스쳐 지나가던 말들이었습니다.

그러나 시간이 쌓이며,
그 말들은 나를 다시 세우는 힘이 되었습니다.

어느 날 무너진 누군가를
다시 붙잡아 줄 수 있는 것도,
아마 이런 말들이 아닐까요.

그러니 우리,
스스로에게도, 그리고 누군가에게도
따뜻한 말을 한 줌 건넬 수 있기를 바랍니다.

"참 애썼다."

"고생 많았네."
"잘하고 있어."

그 말들이 어두운 길을 비추는 작은 등불이 되어,
당신의 하루를 조금 더 견디기 쉽게 만들어 주기를

그대 꿈길 따라 내게 오셔요

긴 겨울이 숨을 고르듯 물러가고,
어느새 부드러운 바람이 불어옵니다.

꽃잎이 흩날리며,
눈부신 봄 길이 조금씩 모습을 드러내는 날.

더는 머뭇거리지 말고,
그대 나를 찾아와 주세요.

내가 있는 이곳에서,
우리 나란히 걸을 수 있도록.

꽃향기 가득한 바람이 우리 사이를 스치고,
햇살 같은 웃음이 서로를 감싸는 순간.

그때,

그 봄이 우리 둘의 시간이 되기를.

그대, 그렇게. 부디

꿈길 따라 내게로 오셔요.

그대가 올 수 없다면

혹시 그대가 먼저 올 수 없다면,
이번엔 내가 당신이 있는 곳으로 갈게요.

그러니 부디,
조금만 더 기다려 줄래요.

당신의 웃음이 머무는 그곳에
내가 닿을 수 있도록.

꽃향기 어린 바람이 불어오는 날,
그 길 끝에서
우리가 마주 설 수 있도록.

기다려 줄래요?

우리의 봄이,
마침내 우리의 시간이 될 때까지.

마음에 새겨진 상처들

어느 날 문득, 거울 앞에 서서 생각했습니다.

"나는 왜 이렇게 망가졌을까?"

하지만 오래 들여다본 끝에 알게 되었습니다.

망가진 게 아니라, 마음에 남은 상처들이
그렇게 보이도록 나를 덮고 있었던 거라는 걸.

당신은, 지금까지 살아오며 어떤 사랑을 겪었을까요?

누군가를 만나,
처음으로 세상이 달라 보였던 순간들.
함께 웃고 떠들며,
서로의 따뜻한 마음에 기대던 날들.

그리고 그 모든 사랑의 끝에서 맞이한 이별들.
그리움으로 물든 밤들, 한없이 무너져 내리던 마음.
애써 붙잡으려 해도 멀어져 가던 그 사람.

"이건 아니야" 라는 걸 알면서도,
희미한 희망 하나에 매달려
스스로를 더 깊이 아프게 만들던 날들.
그렇게 남겨진 상처들은
당신 마음속에 어떤 모양으로 새겨져 있나요?
혹시 아직도 그때의 어둠 속에 머물러 있나요?

상처가 남긴 증거

우리는 모두,
이별 앞에서 무너져 본 사람들입니다.

헤어짐은 지울 수 없는 흔적을 남기고,
그 흔적은 때로 오래도록 아프게 남아 있죠.

하지만, 그 상처야말로

당신이 얼마나 많은 것을 견뎌냈는지 보여주는 증거입니다.

그러니 잊지 마세요
이 글을 읽고 있다는 건

당신이 그렇게 무너져도
다시 일어섰다는 증거입니다.

고생 많았습니다.
정말, 너무 애썼습니다.

눈물로 적신 밤

사람은 누구나 관계 속에서 살아갑니다.

서로를 이해하려 애쓰고,
그 노력 속에서 가까워지기도 하지만,
때로는 그 마음조차 뜻하지 않게 오해로 남아
더 깊은 상처를 만들기도 합니다.

관계 속의 오해와 편견은
작은 균열로 시작됩니다.

시간이 지날수록 그 틈은 넓어지고,
결국 서로를 멀어지게 만들죠.

사랑은 원래 상대를 이해하고
보듬으려는 마음에서 시작되지만,
그 자리에 오해와 편견이 자리 잡으면
사랑은 서서히 식어갑니다.

우리가 '사랑'이라 믿었던 감정이
상대를 있는 그대로 받아들이는 것이 아니라
내가 원하는 모습에 맞추려는
욕심이었음을 깨닫는 순간,
마음은 이미 멀어져 있을지도 모릅니다.

그렇게 쌓인 감정들은 결국 상처가 되고,
그 끝에서 마주하는 건,
언제나 밤처럼 깊고 무거운 이별입니다.

특히 밤이 깊어질수록
그 마음은 배가 되어 가슴을 짓누르고,

"어디서부터 잘못된 걸까?"라는 질문만 남기죠.

답을 찾지 못한 채,
그 질문을 되뇌며 긴 슬픔 속을 걸어갑니다.

밤에 남긴 것들

그럼에도 불구하고,

수많은 날들을 눈물로 적신 밤은
끝이 아닐지도 모릅니다.

오해와 편견 속에서 사랑이 서툴게 뒤틀렸더라도,
그 과정을 지나며 우리는 사랑의 본질을 배웁니다.

사랑은 완벽한 이해가 아니라
끝없이 이해하려는 노력이라는 것.

관계는 나의 기준으로 상대를 재는 것이 아니라
다름을 인정하고 존중하는 것임을.

헤어짐이 남긴 상처는 쉽게 아물지 않겠지만,
그 긴 밤들이 결국 더 깊고 단단한 마음의 밑거름이 될 겁니다.

밤이 아무리 길고 어두워도
당신이 흘린 눈물은 마음을 씻어내고
새로운 아침을 준비하게 만들 테니까요.

친애하는 당신에게

당신의 사랑은,

어느 날은 온기를 가득 품은 햇살처럼 포근했고,
또 어느 날은 이별이라는 거센 파도 속에서
끝없이 흔들리며 지금의 당신을 만들었겠지요.

수많은 밤을 눈물로 건너고,
그 눈물이 마른 뒤에야
다시 웃는 법을 배워야 했던 날들.

비바람에 휘청이는 가지처럼,
휘어질지언정 꺾이지 않는 마음으로
버텨 온 당신.

그 모든 길을 지나 여기까지 오는 데
얼마나 많은 고생과 아픔을 견뎌왔을까요.

이제는 그 무거운 마음을
조금 내려놓아도 괜찮습니다.

친애하는 당신,
앞으로의 삶이 온전히 당신의 것이기를.
그리고 그 길이 새로운 시작을 향해
한 걸음씩 나아가기를 바랍니다.

당신의 앞날이
빛으로 가득 차길 진심으로 바랍니다.

당신은 이미 충분히 강한 사람입니다

당신이 지나온 모든 날들,
그 속에 담긴 고통과 눈물은
결코 헛된 것이 아니었습니다.

수많은 힘든 순간을 견뎌낸 당신은
이미 많은 것을 이겨낸,
놀라울 만큼 강한 사람입니다.

이제는 그 무거운 마음을 조금 내려놓아도 괜찮아요.

앞으로 어떤 길을 걷든
그 길은 반드시 당신에게 힘이 되어줄 테니까요.

당신의 앞날은 분명 밝고,
아름다운 빛으로 채워질 것입니다.

그러니 조금만 더 힘을 내주세요.
당신은 생각보다 훨씬 더 멋진 사람입니다.

그리고 그런 당신을,
저는 언제나 진심으로 응원하고 있습니다.

흔적이 남아도 괜찮아

날카로운 비명처럼 가슴을 헤집고 떠난 이별은
어느새 당신 삶의 한 부분이 되어 있을 겁니다.

때때로 후회라는 바람이 불어올 때면,
그날로 돌아가 다른 말, 다른 행동을 했다면
어땠을까 되묻기도 했겠지요.

하지만 지나간 일들은 결코 되돌릴 수 없다는 걸
당신은 이미 알고 있습니다.

그래서 이 말을 전하고 싶습니다.

지워지지 않는 흔적을 남긴 상처일지라도,
그건 당신이 살아 있었다는 증거입니다.
당신이 사랑했고, 그로 인해 울었으며,
끝내 버텨냈다는 증언입니다.

그 흔적이야말로
당신답게 살아온 길을 보여주는 지도입니다.

언젠가 당신은,
이 모든 것을 통해
자신을 더 깊이 사랑하는 법을 배우게 될 겁니다.

그러니 이제는 그 상처조차
당신의 일부로 받아들이고,
가리기 위해 애쓰지 않아도 됩니다.

상처도 당신의 빛입니다

이별이 남긴 흔적이 당신의 삶에 스며든 것처럼,
그 아픔 또한 당신을 더욱 단단하게 만들 것입니다.

그 흔적이 아픈 기억이라 해도,
그걸 감추려 애쓰지 않아도 괜찮습니다.

그 상처마저도
당신이 걸어온 길이고,
그 길 위에서 당신은 여전히 빛나고 있으니까요.

그러니 부디,
당신 자신을 더 따뜻하게 안아 주세요.

상처투성이일지라도, 나답게

사랑은 언제나 나를 새로운 세계로 이끌었습니다.

상대의 한마디,
마주치는 눈빛,
불쑥 터져 나오는 웃음 하나가
세상을 다 가진 듯한 기쁨을 주었죠.

그만큼 사랑은 나를 가장 나답게 만들면서도,
내가 가진 모든 것을 쏟아붓게 만들었습니다.
마음이든, 물질이든, 조건 없이 말이죠.

하지만 사랑의 끝은 언제나 예고 없이 찾아왔습니다.

마법처럼 빛나던 사랑은
차갑게 식은 결론으로 돌아왔고,
몇 번의 이별이 쌓일수록 마음에도
상처가 겹겹이 쌓여갈 때쯤.

"나는 과연 사랑받을 자격이 있을까."

라는 이 의문이
마음 한구석에 뿌리내리던 시절,
모든 관계가
나를 더 약하게 만들고 있다고 느꼈습니다.

그러다 알게 되었습니다.
상처투성이인 나도 여전히 '나'라는 사실을.
그 모습마저 나의 일부라는 것을.

사람은 누구나 상처를 지닌 채 살아가고,
주고받으며 삶의 끝까지 걸어가야 한다면,
나는 나답게 살아가기로 했습니다.

완벽하지 않아도 괜찮습니다.

상처가 많아도,
나는 여전히 사랑받을 가치가 있고
행복을 누릴 자격이 있으니까요.

비 오는 날 창밖을 바라보며 마시는 커피 향,
친구와 나누는 진솔한 대화,
길모퉁이의 고양이,
어디선가 흘러나오는 노랫소리,
저녁 하늘을 물들이는 노을

그 사소한 순간들이 나를 위로한다는 걸
언제부턴가 느끼게 됐습니다.

행복은 완벽한 장면에서만 오는 것이 아니라,
작은 틈 사이로 스며드는 빛처럼
불현듯 찾아오기도 합니다.

그래서 나는 오늘도,
상처투성이의 나를 있는 그대로 안고
나답게 살아가려 합니다.

당신도 할 수 있습니다

무심코 외면하지 마세요.

당신은 충분히 사랑받고,
행복할 자격이 있습니다.

나조차, 상처투성이인 나조차
사랑받을 수 있다는 걸 알게 되었는데,
당신이라고 못할 이유가 있을까요.

상처를 품은 채로도,
당신은 여전히 빛나는 사람입니다.

2장

사랑이었고 상처였던,
지나간 모든 사랑에게

우리는 서툴게 사랑했고, 더 서툴게 상처를 주었다.

때로는 말보다 침묵이 더 아팠고,
눈빛 하나에 하루가 무너지는 날도 있었다.

사랑은 꽃처럼 피었지만, 꽃잎이 흩날리듯 흩어졌다.
남은 건 부드러운 향기가 아니라, 깊은 흔적이었다.

그럼에도 나는 기억한다.

당신과 나눈 웃음, 밤하늘 아래 속삭였던 약속,
어설펐지만 누구보다 진심이었던 사랑의 모양들을.

비록 끝내 닿지 못했어도, 그 사랑은 헛되지 않았다.

그 상처는 나를 단단하게 했고,
그 진심은 지금의 나를 여전히 흔들리게 한다.

엉키지 않는 실처럼

너와 나,
한 줄의 선으로 이어져 있되
서로를 조이지 않는 실처럼.

사랑할 때에도
자유를 빼앗지 않고,
짐이 되지 않는 거리에서.

그러나 기대야 할 순간이 오면
서로의 어깨를 내어주고,
기꺼이 그 무게를 나누면서.

오해가 매듭이 되기 전에
대화로 매듭을 풀어가며,
그렇게 우리만의 사랑을 지켜가자.

균형 위의 사랑

엉키지 않는 실처럼 사랑하려면
무엇이 필요할까요.

아마도 그것은 '균형'일 겁니다.

기댈 수 있을 때는 기꺼이 어깨를 내어주되,
지나친 의존 속에서 나를 잃지 않는 것.

서로의 길이 다를지라도
언젠가 같은 방향으로 나아갈 수 있도록
마음의 여지를 남겨 두는 것.

사랑이 짐이 되지 않도록,
오해가 생기면 천천히 풀어가는 마음.

단단하면서도 부드러운 실처럼,
우리의 관계도 그렇게 이어가면 좋겠습니다.

사랑이 엉켜 마음이 부서지는 일은
다시는 없도록 말이죠.

산산이 부서진 눈부셨던 날들

질서조차 없는 아득한 기억 속,
유난히 눈부신 조각들이 빛나고 있었다.
가장 찬란했던 그날들.

그러나 다시는 오지 못할,
어둠 속으로 사라져 버린 시간.

되돌릴 수 없는 그때의 우리는
사랑이었다.

누구도 부정할 수 없었던
뜨겁고 진실한 마음이었고,
결국 이별이었다.

돌이킬 수 없기에
더 선명하게 남아버린 상처,
그리움이었다.

심장을 울리며 여전히 숨 쉬는,
가장 찬란했던 순간들.

그 순간들은 사라졌지만,
그 모든 것이 여전히 나를 이루고 있다.

빛의 끝에서

빛이 사라지고 어둠이 밀려온 뒤에도,
여전히 우리를 이루는 것은
시간이 지나도 지워지지 않는 감정들,
잊히지 않는 순간들입니다.

그것들은 상처이자, 동시에 살아가는 힘이 됩니다.

결국, 우리가 앞으로 걸어갈 수 있는 이유는
그 모든 순간을 사랑하고
기억하며 살아가기 때문이겠죠.

그 마음이,
지금의 우리를 만든 전부니까요.

부서진 마음이 가르쳐 준 것들

누구에게나 사랑은 한때,
영원한 약속처럼 느껴졌을 겁니다.

저 역시 그랬습니다.

"사랑해"라는 단 한마디가
모든 것을 바꿀 수 있다고 믿었고,
그 사람의 목소리가 하루의 시작과 끝을 장식하는
노랫말처럼 들렸죠.

함께한 날들은 꿈결 같았고,
사랑은 세상을 온전히 내 편으로 만들어 주는
마법 같았습니다.

하지만 같은 사랑이어도
이별은 전혀 다른 얼굴로 다가왔습니다.
하루의 시작과 끝은 나를 비껴갔고,

지나가 버린 기억들은 연기처럼 흩어져
손을 뻗어도 닿을 수 없었습니다.

마지막 대화의 기억은
시간이 지날수록 그리움으로 변했습니다.

그리움 속의 사랑은,
때로는 가슴을 먹먹하게 했고
서로의 버팀목이던 기억이
오히려 나를 짓누르는 고통이 되기도 했습니다.

그러나 그리움은 한 가지를 알려주었습니다.
그토록 아픈 건,
그 순간들이 그만큼 아름다웠기 때문이라는 것을.

그리움은 단순히 지나간 사랑이 아니라,

그 속에서 내가
나를 가장 사랑했던 시간이었다는 것을.

끝이 아닌 시작

우리는 그렇게 성장합니다.

사랑과 이별은 결국
같은 길 위의 두 얼굴일 뿐임을 알게 되죠.
그 길을 걸어온 우리는
조금 더 단단해지고, 조금 더 나다워집니다.

마음이 부서질지언정
그것이 나를 완전히 무너뜨리진 못합니다.
오히려 나를 강하게 만들죠.

상대와 나, 우리의 이야기는 끝났을지라도
그것은 결코 내 삶의 끝이 아닙니다.

이별은 하나의 끝이자 새로운 시작입니다.

그 과정을 통해 우리는
앞으로도 더 나은 나로 성장해 갈 수 있습니다.

당신은 이미 그렇게,
수없이 부서지고 무너졌어도
다시 일어서 단단해지는 중이니까요.

그리움이 스며드는 밤

저 하늘의 별빛도,
아무것도 없는 어둠도
아마 알고 있을 겁니다.
당신 마음속에 여전히
그 사람이 머물고 있다는 것을.

밤하늘 아래,
세찬 빗줄기 속에서
당신은 슬픔을 감추려 애쓰겠지만,
구름들은 묵묵히
그 마음을 감싸안아 줄 겁니다.

그 사람이 당신 마음을 채우는 데는
순식간이었을지 몰라도,
비워내는 일은 오래 걸릴 겁니다.

그래도 언젠가
그 사랑은 따뜻한 기억으로 남아,
밤하늘을 올려다볼 때마다
당신을 미소 짓게 만들 거예요.

그러니 오늘만큼은
조금 더 다정하게
스스로를 안아 주길 바랍니다.

존재만으로도 충분한 당신에게

당신은 그 존재만으로도 충분합니다.

아무 말 없이 고요히 서 있는 나무처럼,
밤하늘에 찬란히 빛나는 별처럼,
이미 충분히 아름답고
사랑받을 자격이 있는 사람입니다.

그러니 자책하지 마세요.

당신은 이 세상에 단 하나뿐인, 최고입니다.

비록 이별이 마음에 어둠을 드리워도,
새벽이 늘 빛을 데리고 오듯
어둠은 결코 영원하지 않습니다.

흔들려도 괜찮고,
넘어져도 괜찮습니다.

당신은 충분히 앞으로 나아갈 수 있는 사람입니다.

그리고 그 힘든 날들 속에서도
당신은 지금까지 결국 해내 왔다는 사실,
그것만은 절대 잊지 마세요.

새벽이 기다리고 있습니다

아무리 밤이 길고 어두워도,
비가 세차게 내리는 밤이라 해도
결국 새벽은 찾아오고,
그 새벽은 어김없이 빛을 데려옵니다.

나무가 그저 서 있기만 해도 아름답고,
별이 말없이 빛나기만 해도 감동을 주듯,
당신 역시 존재하는 것만으로
이 세상에 따뜻한 의미를 더하고 있습니다.

때로는 어둠 속에서 길을 잃고
불안에 흔들릴 때도 있겠지만,
그 모든 순간이 결국
당신만의 길로 이끌 것입니다.

그러니 고개를 들어 새벽을 바라봐 주세요.

그곳에 새로운 희망이

조용히, 그리고 다정하게

당신을 기다리고 있을 테니까요.

가깝지도 멀지도 않은 관계

세상은 우리에게 끊임없이 관계를 요구합니다.

우리는 태어나는 순간부터 관계 속에 놓이고,
삶의 매 순간 그 무게를 느끼죠.

누군가와 가까워지고 싶은 마음과
너무 가까워 상처받을까 두려운 마음 사이에서
갈팡질팡할 때도 있습니다.

그래서일까요.
가깝지도, 멀지도 않은 그 미묘한 온도를 유지하는 것이
어쩌면 가장 어려운 일 같습니다.

어떤 관계는 피할 수 없는 상처를 남기고,
지나치게 가까운 관계는 불꽃처럼 타올랐다가
한순간 재로 사그라들기도 하죠.

그렇게 사람에게 기대는 일이 무서워질 때도 있지만,
누군가에게 다가간다는 건
언젠가 상처를 감수하더라도
그만큼의 용기가 필요한 일입니다.

그리고 그 용기는
상대를 배려하는 따뜻한 마음에서 시작됩니다.

서로의 거리를 잔잔히 느낄 수 있는 평온함,
부담스럽지 않게 스며드는 온기.
봄날의 햇살처럼 서로를 감싸주는 관계야말로
우리가 오래 간직해야 할 소중한 모습일지 모릅니다.

적당한 온도의 관계

결국 관계란,
나 자신을 지키는 방법이기도 합니다.

타인의 온기에만 기대기보다,
고요 속에서 나를 이해하고 보듬어 주는 것.

그럴 때 비로소
관계의 적당한 온도를 유지할 수 있고,
그 온도가 우리의 삶을
더 단단하고, 더 따뜻하게 만들어 줍니다.

그러니 먼저,
자기 자신을 돌보는 관계에 집중했으면 합니다.

제일 중요한 건
바로 나 자신의 마음이라는 걸,
다시 한번 기억했으면 합니다.

그리고,

늘 애쓰느라 정말 수고 많았습니다.

아픔을 나누지 않고도 가까워질 수 있다면

사람은 누구나 상처를 품고 살아갑니다.

그 상처를 나누며
더 깊은 관계를 만들 수도 있지만,
때로는 굳이 나누지 않아도
아름다운 거리를 지킬 수 있습니다.

그건 무겁지 않으면서도
진심으로 다가가는 마음에서 비롯되죠.

우리는 누군가와 가까워지고 싶을 때,
때로는 마음 깊은 어둠을 꺼내 보이기도 하죠.
하지만 꼭 기억해야 합니다.

상처를 나눈다고 해서
반드시 공감이 보장되는 건 아니라는 것을.

말하지 않아도 전해지는 진심이,
가벼운 말 한마디와
따뜻한 눈빛만으로도
더 큰 온기를 만드는 순간이 있으니까요.

혹시 아직 그런 경험이 없다면,
그런 관계도 세상에 존재한다는 걸
알아주었으면 합니다.

그리고 언젠가,
당신도 주거나, 받거나,
그 따뜻함을 반드시 느끼게 될 거라 믿습니다.

온전함을 지키는 방법

무엇보다, 관계 속에서도
당신 자신의 온전함을
우선순위로 두길 바랍니다.

그 온전함을 지키며 상대를 배려할 때,
우리는 더 따뜻하고 부드러운 관계를
만들어갈 수 있습니다.

자신을 잃어가면서까지
누군가를 이해하려 애쓰지 않아도 됩니다.

그러니 스스로를 소중히 해 주세요.

그것이 관계를 더 오래, 더 아름답게
지켜내는 길이 될 테니까요.

사랑이 없었다면, 그리움도 없었겠죠

사랑이라는 단어가 떠오를 때마다
그리움이 내 마음을 짓누르던 날들이 있었습니다.

그건 마치 깊고 어두운 바다 같아서,
빠져나오려 허우적거릴 틈도 없이
나를 삼켜버렸고,
그렇게 하루가 순식간에 지나가 버리곤 했죠.

함께 웃으며 나누던 대화들,
따스한 온기를 전하던 순간들,
서로를 사랑했던 시간들이
어느새 '추억'이라는 이름으로
마음속에 차곡차곡 쌓였습니다.

그 순간들은 빛바랜 색감으로 물들어가면서도
여전히 선명하게 내 안에 남아 있었죠.

그리움이란, 시간이 흘러
추억으로 자리 잡는 감정일지도 모릅니다.

아련하면서도 여전히 그립고,
따스하지만 동시에 쓸쓸한
명확히 설명할 수 없지만
누구나 한 번쯤은 느껴본 적 있는 그런 마음.

생각해 보면,
사랑이 없었다면 그리움도 없었을 것이고,
그리움이 없었다면
추억이라는 이름조차 존재하지 않았겠죠.
결국 그 모든 과정은,
우리가 살아가는 소중한 이야기일지도 모릅니다.

그리움이 남아 있다는 건

그리움이란,
그만큼 아름다운 사랑이 있었다는 증거입니다.

사랑이 있었기에 그리움이 생기고,
그리움이 있기에 추억으로 남는 것이죠.

그러니 그리움이 당신을 붙잡을 때,

그건 한때 당신이
누군가를 깊이 사랑했고,
그 사랑 속에서 빛나던 순간이 있었다는 뜻입니다.

그렇게 우리는,
그 기억을 품은 채
더 단단해지고, 더 빛나게 될 것입니다.

낮은 온도의 관계가 주는 따뜻함

사람과의 관계는
마치 얇은 얼음 위를 걷는 것과도 같습니다.

조금만 무리해도 금세 균열이 생기고,
그 틈새로 서로의 아픔이 드러나 버리니까요.

하지만 조심스럽게 한 걸음씩 나아가면,
비록 느리더라도
무너지지 않는 다리를 함께 만들어 갈 수 있습니다.

중요한 것은 상대의 경계를 침범하지 않으면서도,
서로가 살아온 방식이 다르다는 것을
이해하고 존중하려는 태도입니다.

우리는 종종 누군가를 위로할 때,

"나도 아파 봤으니 네 마음 알아"

라는 말을 건넵니다.

하지만 진심은 이렇게 시작될지도 모릅니다.

"나는 너의 아픔을 온전히 이해할 수 없을지도 몰라.
그렇지만 네 이야기를 듣고 싶어."

존중은 바로 이런 배려 속에서 자랍니다.

세상은 우리에게 높은 온도를 요구하지만,
행복은 꼭 큰 웃음소리나 격렬한 감정 속에서만
찾을 수 있는 것은 아닙니다.
낮은 온도의 관계 속에서도 따스함은 존재합니다.
그것은 깊고 은은한 온기이며,
상대를 있는 그대로 받아들이고 존중할 때
비로소 느껴지는 조용한 따뜻함입니다.

조용히 스며드는 온기

이제는 뜨겁고 격렬한 연결만을 쫓기보다는,
낮은 온도 속에서 피어나는
고요한 행복을 찾아보면 어떨까요.

그 온기는 나와 상대 모두에게
상처를 남기지 않으면서도,
서로를 이해하고 존중하는 법을
배워가는 과정이 되어 줄 거예요.

연결의 온도가 낮더라도, 그 안에 담긴 마음만큼은
누구보다 따뜻할 수 있다는 걸

나 역시 뒤늦게야 깨달았으니까요.

사랑, 이해, 그리고 나를 지키는 일

관계는 마치 사계절처럼,
각기 다른 온도를 지니고 있습니다.
그중에서도 사랑은 관계의 온도를 가장 따뜻하게 데워주는 햇살 같은 존재죠.

그런데 문득, 이런 생각이 들었습니다.

진정한 사랑이란 과연 무엇일까?

수많은 정의 속에서 제가 가장 많이 들었던 말은 '이해'와 '헌신'이었습니다.

저도 한때는 그것이 전부라고 믿었죠.
하지만 지금은 조금 다르게 생각합니다.

이해는 여전히 맞습니다.
하지만 나를 잃어가면서까지 하는 맹목적인 헌신은 사

랑이 아닐지도 모릅니다.

한번 생각해 보세요.
내가 나를 잃어버린 채 사랑을 지켜갈 수 있을까요?
내가 부서져 가는 모습을 보며, 상대가 정말 행복할 수 있을까요?

제가 믿는 사랑은,
상대를 있는 그대로 받아들이고 그 존재 자체를 소중히 여기는 일입니다.
때로는 상대의 시선으로 세상을 바라보며,
함께 걸어갈 길에 작은 이정표를 세우는 것.
그렇게 나의 행복과
상대의 행복이 함께 자라나는 것.

물론, 가끔은 나를 뒤로하고
상대를 먼저 생각해야 할 때도 있겠죠.
하지만 그 또한 내 감정을 조율하며
관계를 건강하게 지켜가는 과정이라 생각합니다.

상대 역시 내가 나를 잃어가는 모습을
바라길 원하지 않을 테니까요.

사랑이란, 이해와 다정한 균형 위에서
서로의 빛을 나누며 함께 걸어가는 길 아닐까요?

그 길 위에서 우리는 더 깊은 온기를 발견하고,
그 온기로 서로를 비추며, 서로를 빛나게 하는 공간을
함께 만들어 가는 것.

그것이 제가 믿는 사랑이고,
'이해'라는 이름 아래 우리가 배워야 할 진심이라 생각합니다.

사랑의 또 다른 얼굴

...그런데 말이에요.
만약 정말로 상대를 지키기 위해 내가 희생해야 하는 순간이 온다면

아마 저도 그렇게 하지 않을까 싶습니다.

이해와 사랑 속에서도,
나를 지키는 것만큼
상대를 지키는 것도 중요한 일이니까요.

그 순간이 오지 않기를 바라면서도,
어쩌면 그것 역시
사랑의 또 다른 얼굴일지도 모르겠습니다.

참 어렵네요, 사랑이라는 건.

나를 지키기 위한 거리

상처받은 마음을 보듬기 위해
나를 지키는 데 필요한 거리는
과연 어디까지가 안전한 걸까요.

상처받을까 두려워,
불안을 방패 삼아 스스로를 고요 속에 가두어야만
비로소 마음을 지킬 수 있는 걸까요.

그렇게 힘겨워하는 당신에게
전하고 싶은 말이 있습니다.

누군가의 온기를 바라기 전에,
무엇보다 먼저 나 자신을 품어야 한다는 것.

어렵더라도, 불안 속에서도 평화를 찾는 연습을 하길.
그 과정에서 나를 이해하는 시간을 가지길.

때로는 거리를 두고,
때로는 용기 내어 한 걸음 가까이 다가가며,
흔들리는 관계의 파도 속에서도 나를 잃지 않는 믿음을
키워가길 바랍니다.

그리고 설령 무너진다 해도,

그건 끝이 아니라
내일을 위한 마음의 준비라는 걸 잊지 마세요.

진짜 안전함이란

상처받을까 두려워 멀어지는 것도,
가까이 다가가려 망설이는 것도,

모두 나를 지키기 위한 몸짓일 거예요.

하지만 진짜 안전함은
거리를 두는 데 있는 게 아니라,
어떤 거리에서도 나를 잃지 않는 데 있습니다.

무엇보다 중요한 건
내 마음을 내가 먼저 안아주는 것.

그러니 불안 속에서도 천천히,
스스로를 이해하며 나아가길 바랍니다.

급할 필요는 없어요.

당신만의 템포로,
당신만의 리듬으로.

찰나였지만 가장 찬란했던 날들

찰나의 순간이 가장 빛나던 날들이 있었다는 걸,
너는 알고 있었을까.

너와 함께한 시간들이
내 삶에서 얼마나 환하게 타올랐는지,
그 온기가 아직도 내 마음 한구석에 살아 있다는 걸,
혹시 너도 가끔은 기억 속에서 꺼내 보는지.

불현듯 스치는 바람 속에서,
어디선가 흘러나오는 익숙한 노래 한 소절에,
혹은 아무 이유 없이
가슴이 저려오는 순간에 말이야.

그때의 우리는 참 행복했지

눈빛 하나, 대화 한 줄마저도.
그 모든 순간이
어쩌면 기적 같은 선물이었는지도 몰라.

영원할 거라 믿었던 시간이,
이제는 기억 속에서만 반짝이는 조각들이 되었지만,
나는 여전히 그날들을 소중히 품고 있어.

혹시 너도, 나처럼.
그 시간을 여전히 간직하고 있을까.

그리고, 마지막으로 하나만 묻고 싶어.
너에게도, 한때 '나'라는 사람이
최고였던 적이 있었는지.

우리만의 작은 우주

어쩌면 그날들은,
우리가 같은 공간과 시간을 함께 숨 쉬며 만들어낸
하나의 작은 우주였을지도 모릅니다.

지나고 나서야 깨닫게 되죠.
그 수많은 순간이 얼마나 따뜻하고, 또 빛났는지를.

그러니 너무 아파하지 않았으면 합니다.
우리의 시간이 그만큼 아름다웠다는 증거니까요.

그 순간은 결코 헛되지 않았을 테니까요.

그러니 부디,
지금까지 잘 버텨왔던 것처럼,
당신만의 길을 천천히 나아가길 바랍니다.

그 길 위에서,
더 다정하고 따뜻한 사람이 되어간다면
그것만으로도 충분하니까요.

무너지는 마음, 무너지는 나

겪어보지 않으면 절대 모를 거예요.

우울감과 우울증은
같은 이름을 쓸 수 없는 감정입니다.

잠시 기분이 가라앉는 것과 끝없는 어둠 속에서
숨이 막히듯 버텨내는 건 전혀 다른 이야기입니다.

스스로 우울증이라 착각하는 이들은
아마 이 차이를 알지 못하겠죠.

우울증은 단순한 슬픔이 아닙니다.

숨 쉬는 일조차 무겁고,
하루가 끝없이 이어지는 긴 터널 같아
어디가 출구인지도 모른 채
절망 속을 걷는 날들.

저는 압니다.

이 고통이
얼마나 끈질기고,
얼마나 잔인한지.

그래서 부탁하고 싶습니다.

부디 이 어둠을
억지로 이해하려 들지 말아 주세요.

이 길은 내가 대신 걸을 테니,
또 다른 누군가가
이 길에 발을 들이지 않기를 바라니까요.

끝이 보이지 않는 이 속에서도,
누군가만은 빛 속에 남아 있기를.

그러니 제발,
당신들은 행복하길 바랍니다.

당신은 혼자가 아닙니다

그 깊고 무거운 절망을
다 이해할 수는 없지만,
이 한마디는 꼭 전하고 싶습니다.

당신은 혼자가 아닙니다.

아무도 이해하지 못할 것 같아도,
손을 내밀면 잡아줄 사람은 있습니다.

빛을 향해
당신 옆에 서 줄 사람도 있습니다.

정말 힘들 때는
애써 괜찮다고 숨기지 말고,
"괜찮지 않다"고
솔직하게 말해 주세요.

그 한마디가

누군가의 발걸음을

당신 곁으로 데려올 테니까요.

완벽하지 않아도 괜찮아

살다 보면
아무것도 하기 싫은 날이 있습니다.

실수할 때도 있고,
남들보다 뒤처지는 것 같은 기분이 들 때도 있죠.

그럴 때마다 마음이 조급해지고,
나 자신을 있는 그대로 받아들이기가 어려워집니다.

혹시 지금,
당신이 그런 기분이라면

이 한 문장을 꼭 기억해 주세요.

"넌 존재하는 것만으로도 충분해."

아무 이유도 필요 없습니다.

우리는 살아 있다는 이유만으로
이미 소중한 존재니까요.

특별하지 않아도, 완벽하지 않아도 괜찮습니다.
누구나 각자의 속도가 있고, 각자의 길이 있습니다.

그러니

스스로를 더 사랑해 주세요.

혹시 나를 사랑하는 법을
잘 모르겠다면,

당신이 사랑했던 모든 순간 속의
'그때의 나'를 떠올려 보세요.

그때의 당신을 떠올리다 보면,
조금은 알 수 있을 거예요.

당신은 그 자체로 충분합니다

당신은 존재하는 것만으로도
충분히 사랑받을 자격이 있습니다.

그러니 기죽지 마세요.

당신은
이 세상에 단 하나뿐인,

대체 불가능한 존재입니다.

알았죠?

살아가면서, 의외로 고마운 사람들

겉과 속이 다른 사람.

말과 행동은 늘 어긋나고, 입 밖으로 나오는 말들은
마치 허공에 떠도는 안개처럼 잡히지 않는 사람.

일상이 거짓으로 가득해,
스스로 내뱉은 말조차
어느 것이 진실인지 혼란스러워하는 사람.
삶 자체가 허울뿐인 거짓으로 점철된 사람.

속이 텅 빈 껍질 같은 사람.

그를 통해 우리는 깨닫게 된다.

누구를 곁에 두어야 하는지, 진실됨으로 사람을 대하는
것이 얼마나 값진 일인지.
그렇기에, 어쩌면 그런 사람이 참 고맙다.

나 자신이 더 진실되게 살고자

다짐하게 만드는, 믿고 거를 수 있는 사람.

그런 사람이 있기에, 나는 더욱 단단한 사람이 되어간다.

진실함을 잃지 않는 사람으로 살기

모두에게 사랑받을 수 없듯,
모두에게 사랑을 줄 수도 없습니다.

세상에는 수많은 사람이 있고,
그중에는 우리의 기대와 다르게
행동하는 사람도 있습니다.

어쩌면 그들 역시
상처받지 않기 위해
그렇게 살아가는 걸지도 모릅니다.

하지만 그렇다고 해서
우리까지 그런 사람은 되지 말았으면 합니다.

진실을 외면하고,
거짓 속에서 길을 잃어버리는 사람.

그것만큼
나 자신이 불쌍한 일은 없으니까요.

때로는 선의의 거짓말을
해야 하는 순간이 있겠지만,
적어도 나 자신만큼은
스스로를 속이지 않기를 바랍니다.

진실함을 잃지 않는 사람,
그렇게 살아가길 바랍니다.

외로운 순간을 나의 것으로 만들기

어떤 날은 문득,
모든 것이 멀게만 느껴지는 순간이 찾아옵니다.

사람들과 함께 웃으며 대화를 나누어도,
집에 돌아와 포근한 이불 속에 몸을 뉘어도,

마음 한구석이 텅 빈 것 같은 느낌.

아, 이건 아마도
외로움이겠지.

외로움이 올 때마다
나는 무언가를 찾으려 애썼습니다.

친구에게 전화를 걸고, 재미있는 영상을 찾아보고,
좋아하는 곳을 찾아가며 마음을 채우려 했죠.

그런데 이상하게도,
그럴수록 외로움이라는 공간은
점점 더 커져만 갔습니다.

억지로 채우려 하면 할수록,
허전함은 오히려 더 선명해졌습니다.

그러다 어느 순간, 혼잣말이 많아졌습니다.

어쩌면 누군가에게 기대기보다
나 자신과 함께하는 법을
배워야 할 때가 온 건지도 몰랐습니다.

그래서 조금씩 혼자 있는 시간을
온전히 나만의 것으로 만들어보기로 했습니다.

게임을 하다가 승리할 때마다
내가 가장 잘하는 성대모사를 해보기도 하고,
무작정 산책을 나가거나, 좋아하는 음악을 들으며
책을 읽기도 했습니다.

그렇게 나를 마주하다 보니,
문득 깨닫게 되었습니다.

아, 나 혼자서도 괜찮구나.

외로운 순간이 찾아와도,
그 시간을 내 것으로 만들 수 있다면
생각보다 덜 외롭다는 것을.

그리고 그 순간들이
차곡차곡 쌓이면서 알게 되었습니다.

나 자신과 함께하는 시간도
충분히 따뜻할 수 있다는 것을.

혼자 있는 시간을 나만의 온기로

혹시 지금 외로움이 찾아왔다면
너무 초조해하지 않아도 됩니다.

혼자 있는 시간을
급히 무언가로 채우려 하지 않아도 괜찮습니다.

그 시간을 천천히
나만의 것으로 만들어가다 보면,

어느새 따뜻한 순간들이
하나둘 쌓여갈 테니까요.

그 밤이 지나면, 결국 아침이 올 거예요

낮 동안 나누던 대화도,
억지로 웃던 순간들도 사라지고,
고요 속에 오롯이 당신만 남은 이 밤은
어떤 밤인가요.

혹시,
지난 순간들을 떠올리며
마음이 공허의 강 위를 떠다니듯
외로움 속으로 스며들고 있는 밤인가요.

아니면,
별빛 없는 하늘을 올려다보며

만약 처음으로 돌아간다면, 그때 다른 길을 골랐다면
지금은 어떻게 달라졌을까

그런 상념 속에서
잠 못 이루는 밤인가요.

결국은 따스한 아침으로 이어질 거예요

그런 당신에게 전하고 싶은 말이 있습니다.

어떤 선택을 했든, 어떤 길을 걸어왔든
우리는 결국 이 밤과 마주했을 겁니다.

그때도 지금처럼
흩어진 마음 조각들을 하나씩 주워 담으며,
조용히 감정을 정리하고 있었을지도 몰라요.

그러니 너무 괴로워하지 않았으면 합니다.

밤이 깊어져도,
새벽은 구름을 걷어내고
햇살로 창문을 두드릴 테니까요.
그러니 오늘 밤만큼은

애쓰지 말고, 그저 있는 그대로 흘려보내도 괜찮아요.

당신의 밤도,

결국은 따스한 아침으로 이어질 테니까요.

모든 흔적마저 사랑이었음을

우리는 사랑을 했기에 행복을 누릴 수 있었고,
때로는 상처를 받기도 했습니다.

그리고 그 모든 경험 속에서
다시 사랑을 배우게 됩니다.

진심을 다했어도 이별의 아픔을 느끼고,
어떤 관계에서든
크고 작은 상처가 남기 마련이라는 것을 경험하며,

상처 없는 관계를 꿈꾸기도 하지만

결국 중요한 것은
그 상처를 어떻게 받아들이느냐는 것이죠.

그렇게 우리는 모든 순간을 통해
조금씩 사랑을 배워갑니다.

시간이 지나 뒤돌아보면.
그때의 상처도, 아픔도, 결국 우리가 사랑했던
소중한 순간들이 흔적으로 남아 있음을 알게 됩니다.

만남과 이별,
관계와 상처,
그리고 그로 인한 아픔까지도

어쩌면,

그 모든 것이 사랑이었을지도 모르겠습니다.

사랑이 남긴 빛과 그림자

사랑은 어쩌면
기쁨과 아픔을 함께 안고 나아가는
긴 여정인지도 모르겠습니다.

때로는 우리를 부서지게 만들지만,
그 안에서 다시 일어설 힘을
은밀히 심어주기도 하니까요.

마치 밤하늘 속 별빛처럼,
아픔이라는 어둠 속에서도
사랑의 흔적은
조용히 빛나고 있었을지 모릅니다.

괜찮지 않아도 괜찮은 하루

지나온 날들 대부분이
괜찮지 않아서일까요.

가끔은, 아주 가끔은
"오늘은 괜찮았다"고 말할 수 있는 날이 찾아올 때가 있습니다.

아프고 지친 마음이 익숙해진 나날 속에서
유난히 덜 아픈 하루.

그런 날이 오면,
모든 게 단번에 나아지는 건 아니지만

그날만큼은 숨을 고르고,
다시 살아갈 힘을 얻곤 하죠.

우리는 살아가면서
크고 작은 흉터를 안고,

그 위에 또 다른 흔적을 덧그리며
살아가기도 합니다.

아직 아물지 않은 상처가 다시 벌어지기도 하고, 잊었다고 생각한 기억이 불현듯 떠오르기도 하죠.

그렇다고 과거의 아픔을 피할 수도,
완전히 지울 수도 없습니다.

결국 우리는 그 모든 걸 안고 살아갑니다.

기대했던 만큼 모든 일이 풀리지 않는 날들.

하지만 그런 시간들 속에서도
문득 찾아오는
작은 위로와 안도의 순간들이 있습니다.

누군가의 따뜻한 말 한마디,
거리를 스치는 노랫소리,
창밖에서 스며드는 한줄기 빛처럼

별거 아닐지도 모르는 그런 작은 순간들이,
하나둘 쌓이다 보면

언젠가는,
조금 더 나아진 날들이 찾아올거라 생각합니다.

우리는 앞으로도 여전히 흔들리고,
여전히 아프겠지만, 그럼에도 불구하고.
완벽하지 않더라도, 기대만큼 되지 않아도,
우리는 그렇게 조금씩 앞으로 나아갑니다.

그리고 언젠가는,

"오늘 정말 꽤 괜찮았어"하는 날들이
더 많아질 거라 믿어 봅시다.

그렇게

괜찮지 않았던 날들 속에서도 괜찮았던 하루를 기억하며, 조금씩 앞으로 나아갑시다.

천천히 앞으로

흔들려도, 괜찮아요

흔들려도 괜찮습니다.
완벽하지 않아도 괜찮습니다.

괜찮지 않았던 날들 속에서도
괜찮았던 하루를 기억하며,
그런 날들이 차곡차곡 쌓이다 보면.

언젠가 '조금은 괜찮았던 날'이
더 많아질 거예요.

마치 긴 겨울 끝에
봄빛이 번져오듯,
조금씩, 아주 조금씩
당신의 날도 밝아질 겁니다.

그렇게 조금씩 앞으로 나아가면 되는 거예요.

아파도 괜찮아, 우리는 나아가고 있으니까

살다 보면 그런 날들이 있습니다.

아무리 애써도 마음이 쉽게 놓이지 않고,
아무렇지 않은 척해도 속에서는 계속
파도가 치는 날들.

지나온 시간을 돌아볼 때마다
'왜 아직도 이 일로 힘들어하지?' 하고
스스로를 다그치게 되는 순간들.

괜찮아지려고 애쓰지만
마음이 따라주지 않을 때가 있고,
어제보다 나아지기는커녕
더 깊이 가라앉는 것 같은 날들이 있습니다.

시간이 지나면 무뎌질 거라 믿었는데
여전히 같은 자리에서

아픈 나를 보며 속상해지는 날들.

그럴 때는 꼭 기억했으면 합니다.

아프다는 건,
그만큼 우리가 애쓰고 있다는 뜻이라는 걸.

지나온 시간들이 결코 가볍지 않았기에,
마음이 그 무게를 견디느라
아직도 힘겨운 거라는 걸.

그리고 분명한 건,
그 아픔 속에서도 우리는 자라고 있다는 사실입니다.
때로는 넘어지고,
잠시 멈춰 서기도 하지만,
그 시간마저도
우리를 조금 더 단단하게 만들죠.

나무가 비바람을 견디며
더 깊이 뿌리를 내리듯,

우리는 그렇게 성장하고 있습니다.
그러니 너무 서두르지 않아도 괜찮습니다.

오늘 조금 무너져도
내일 다시 일어설 수 있으니까요.

지금의 아픔이
언젠가 나를 더 단단하고,
더 다정한 사람으로 만들어줄 거라는 사실을
잊지 않았으면 합니다.

그러니 너무 걱정하지 말고,
내가 감당할 수 있는 만큼만
천천히 걸어가면 됩니다.

그렇게 한 걸음씩 나아가다 보면,
어느새 우리는 또 한 뼘 자라 있을 테니까요.
그러니 괜찮습니다.

우리는 그렇게 나아가고 있으니까요.

지금 이 순간이 전부는 아니니까요

그런 날 있잖아요.
한순간에 무너지는 날.

무심코 켜둔 TV 속, 처음 듣는 노래 한 소절이
마치 빗방울처럼 가슴 깊숙이 떨어져
눈물이 고이다 결국 넘쳐버리는 날.

잊었다고 생각했는데,
마른 흉터 위로 비가 스며들듯
다시 아려오는 상처.

누군가의 무심한 한마디가
코끝을 시리게 하고,
그 시림이 눈가에 이슬처럼 맺히는 날.

그런 날들은,
어쩌면 우리가
여전히 살아 있다는 증거일지도 몰라요.

기억 속에 묻어둔 감정이
별빛처럼 불쑥 깜빡이며 고개를 들어도,
그 속에서 우리는 여전히 숨 쉬고,
느끼고, 살아가고 있으니까요.

괜찮아요.
무너져도,
울어도.

부서진 마음도 언젠가는
구름 사이로 햇살이 스미듯
다시 살아날 테니까요.

어느 날 문득,
생각지도 못한 순간에 흘러나오는 노래 한 곡이,
우연히 스친 사람의 미소가,
아무렇지 않게 지나치던 하늘의 빛이
당신을 위로할 거예요.

그러니, 오늘 하루도 잘 버텨봅시다.
이 순간이 전부가 아니라는 걸 기억하며.

예고 없이 찾아오는 위로

그러니 오늘도, 천천히 당신만의 속도로 버텨가요.

무너져도 괜찮아요.
당신은 분명 다시 일어설 겁니다.

그렇게 한 걸음씩 나아가다 보면,
어느새 예고 없이 찾아오는 위로가

당신의 하늘에 별처럼 떠 있을 테니까요.

관계의 거리를 다시 배워가는 시간

사람과의 거리는
늘 같은 모양일 수 없습니다.

가까웠던 사이가
서서히 안개처럼 멀어지기도 하고,
멀게만 느껴졌던 거리가
햇살처럼 서서히 스며들며
다시 가까워지기도 하니까요.

때로는 너무 가까워
서로의 숨이 뒤엉켜 상처를 남기고,
반대로 상처를 피하려
바람처럼 거리를 벌리기도 합니다.

그렇게 우리는
부딪히고 흔들리며
서로가 숨 쉴 수 있는

적당한 거리를 배워갑니다.

저 역시 그 길 위에 있었습니다.

상대를 이해하고 싶어
마음을 다했던 시간들.

그러다 문득,
배려라 믿었던 행동이
오히려 나를 소외시키고 있었음을
깨달았을 때
그 관계를 지키려 애쓰던 감정은
마치 해가 지며 서서히 빛을 잃는 저녁처럼
희미해져 갔습니다.

그제야 알았습니다.

관계는 가까울수록 좋은 것이 아니라,
서로가 편안히 숨 쉴 수 있는 거리가
가장 좋은 거리라는 것을.

너무 가까이 다가가 부담을 주거나,
너무 멀어져 단절되어 버리는 것이 아니라,
각자의 마음이 편안히 숨 쉴 수 있는 거리.

그 거리를 유지하는 일이
결국 관계를 지켜주는 일이라는 걸요.

물론, 그 균형을 찾는 일은 생각보다 쉽지 않습니다.

'적당한 거리'도
서로 어느 정도는 가까워져야만 만들 수 있고,
그 거리를 지키려면 내 감정을 우선순위에 두되,
상대의 감정도 함께 바라보며
균형을 맞춰야 하니까요.

혹시 지금, 관계로 인해 마음이 힘들다면
잠시 손을 내려놓고
당신 자신의 마음을 먼저 감싸안아 주세요.

곁에 남을 사람은
당신이 자신을 보살피는 동안에도

그 자리에 남아 있을 것이고,
떠날 인연은
당신이 아무리 붙잡아도
저 먼 구름처럼 흘러가게 되어 있으니까요.

그러니 두려워하지 마세요.
당신은 혼자가 아닙니다.

누군가는,
그리고 나 역시
진심을 다해 당신을 전력으로 응원하고 있으니까요.

사랑받고 싶은 나를 사랑하는 연습

나는 늘
사랑받고 싶었습니다.

아마도 태어난 순간부터 그랬는지도 모르겠습니다.

누군가의 손길이
따스한 햇살처럼 나를 감싸고,
내게 건네는 말들이
봄바람처럼 부드럽기를 바랐습니다.

그래야 내가 존재할 이유가 있다고 믿었으니까요.

그런데 아무리 애써도 채워지지 않았습니다.
사랑받고 싶다는 마음이 점점 더 커질수록,
사랑받을 수 있을까 하는 불안이 먹구름처럼 앞서와
마음을 덮었습니다.

그래서였을까요.

마음이 다 보일 만큼 가까이 다가오는 사람을
밀어내기보다,
먼저 뒤로 물러나 달아나기 바빴습니다.
그렇게 오랜 시간이 흐르고,
혼자가 편해질 무렵에서야
깨달았습니다.

내가 원하는 사랑이
꼭 타인의 손에서만 오는 것은
아니라는 것을.

다른 누군가의 눈길을 기다리기 전에, 내가 나를 바라볼
수 있어야 한다는 것을.

그래서 연습하기로 했습니다.
사랑받고 싶은 나를, 사랑해 주는 방법을.

거울 속 나를 보며
"괜찮아. 오늘도 잘 버텼어."

작은 속삭임을 건네고,
남들이 주지 않는 다정함을
스스로에게 선물했습니다.

작은 성취에도
나 자신을 칭찬하고,
실수에도
스스로를 다그치지 않도록
누군가를 향해 쏟아내던 애정을,
이제는 내게로 돌려주기로 했습니다.

처음엔 서투르고 어색했습니다.

부끄럽기도 하고,
'이게 무슨 의미가 있나?'
싶기도 했습니다.

하지만 하루하루
그 시간을 쌓아가니, 마음속 빈자리가
천천히 채워졌습니다.

누군가의 사랑이 없더라도
나는 존재 자체로 충분하다는걸

마치 긴 겨울 뒤 햇살이 얼음을 녹이듯
알게 되었습니다.

나를 먼저 사랑하는 용기

부서진 마음은
쉽게 아물지 않습니다.

하지만 그 조각들을
한 줌씩 주워 담으며
나를 사랑하는 법을 배우다 보면

언젠가
당신도 스스로를 온전히
품을 수 있을 거라 믿습니다.

모든 사람에게 사랑받을 수 없듯,
나 역시 모두를 사랑할 수 없습니다.

그러니 서두르지 말고,
먼저 나를 사랑하세요.

그것이면 충분합니다.

당신이 당신을
사랑해 주길 바랍니다.

그리움보다 따뜻함을 선택하기로 했다

아주 가끔,
미칠 듯이 그리울 때가 있습니다.

문득 떠오르는 장면들

그때의 나를,
아니, 그때의 우리를
또렷하게 불러오는 순간들.

그럴 때마다 익숙한 목소리가 귓가를 스치고,
잊혔다고 믿었던 온기가 빗방울처럼 스며듭니다.

어떤 인연은 유성처럼 스쳐 지나가고,
어떤 인연은 흔적을 남긴 채 멀어집니다.

그럼에도 끝내
내 곁에 머무는 이들이 있습니다.

내가 아무 말 없이 무너져 있을 때에도
묵묵히 옆자리를 지켜주는 사람,
가끔은 거칠고 서툰 모습에도
하늘처럼 변함없이 등을 돌리지 않는 사람.

별말 없이도 같은 자리에서
별빛처럼 은근히 나를 비추는 사람.

살다 보면 깨닫게 됩니다.

떠나간 사람보다
끝까지 곁에 남아주는 사람이 얼마나 귀한 존재인지.

시간이 흘러
계절이 몇 번이고 바뀌어도, 구름처럼 흩어지지 않고
내 옆에 머무는 이들이 있다는 건
기적 같은 일이니까요.

그래서 다짐했습니다.

멀리 있는 사람을 그리워하며 밤하늘 아래 아파하기보다는, 지금 내 곁에 있는 사람들에게 따뜻함을 돌려주기로.

사랑을 받기만 하는 것이 아니라,
나 역시 그들에게 좋은 사람이 되어주기로.

곁에 남아주는 기적

어쩌면 우리는
그렇게 서로의 곁에 남으며
살아가는 게 아닐까요.

그것만으로도
충분히 다행이고,
참 고마운 일이니까요.

누군가에게도 내가 위로가 되는 순간

언제나 진심이었던,
그러나 매 순간
끝을 생각하며 버텨야 했던 당신.

그건, 아마도
사람의 온기를 알아버렸기 때문일까요.

매 순간 무너질 듯
아슬아슬하게 버텨온 당신.

고요한 밤길을
혼자 전력으로 걸어왔기 때문일까요.

당신의 발자국마다
눈 내린 들판 위에 새겨진
따뜻한 흔적이 남고 있다는걸,

당신은 알고 있었나요.

당신이 무심코 건넨 작은 말 한마디가
누군가의 하루를 버티게 하는 힘이 되고,
당신이 간신히 지켜낸 하루가 어느 누군가에게는
살아갈 용기가 되고 있다는걸.

당신이 남긴 온기

어쩌면 우리는
모른 채 지나갔을지도 모릅니다.

그저 스쳐 가는 인연 속에서,
내가 건넨 미소 하나,
내 손끝의 온기 하나가
누군가의 마음을
햇살처럼 감싸 주었을지도 모른다는 걸.

그러니 제발,
스스로를 너무 미워하지 않았으면 합니다.

당신이 이 세상에 존재한다는 사실만으로도,
누군가는 위로를 받고,
살아갈 힘을 얻고 있을 테니까요.

3장
괜찮지 않아도 괜찮아, 모두 살아낸 하루들이니까

우리는 수없이 무너졌고, 그만큼 다시 살아냈다.

오늘이 무겁다면, 잠시 주저앉아도 좋다.
내일은 또 다른 걸음을 내디딜 수 있으니까.

가끔은 아무것도 하지 못하는 날이 있다.

눈을 뜨는 것조차 버겁고, 숨 쉬는 일조차 힘겨운 날.
그럼에도 그 하루를 버텼다는 사실만으로도 충분하다.

작은 꽃이 골목길에 피듯,
뜻밖의 순간들이 우리를 위로하기 때문이다.

고양이의 눈빛 하나, 바람결의 향기 하나,
노을의 빛 한 줄기가 마음을 가만히 어루만져준다.

그러니 괜찮지 않아도 괜찮다.
그 자체로 이미 잘 해내고 있는 것이니까.

당신도 누군가의 위로였음을

희망이 떨어진 자리엔
새로운 희망이 조용히 움틀 수 있습니다.

그건, 당신이 다정한 사람이니까요.

절망이 가라앉은 자리엔
작은 온기가 남아 있을 수도 있습니다.

그건, 당신이 따뜻한 사람이니까요.

우울이 스며든 자리에
언젠가 아침 햇살이 스며들지도 모릅니다.

당신이 지나간 자리에서, 누군가는 분명
당신으로 인해 위로받고 있을지도 모릅니다.

당신은 다정하고 따뜻한 사람이니까요

지금은 알 수 없더라도,
걸음을 멈추지만 않는다면 이 길의 끝에서 분명
다른 무언가와 만나게 될 거예요.
그러니 계속,
당신만의 속도로 걸어가 주세요.

늦어도 괜찮습니다.

조금씩, 천천히.
그렇게 걷다 보면,

언젠가 가볍게 걸을 수 있는 날이
반드시 올 거예요.

당신이 모르고 지나친 순간에도

당신은 이미 누군가의 버팀목이었을지 모릅니다.

당신의 말과 행동이
누군가의 밤을 덜 춥게 만들었을 거예요.

그러니 스스로를 의심하지 말아요.

당신의 발걸음 하나하나가,
이미 누군가에게는
희망의 씨앗이 되고 있으니까요.

다정한 사람이 된다는 건

다정한 사람이란.
결국 사랑에 많이 실패해 본 사람이 아닐까. 연애, 가족애, 인간애 등 우리가 겪는 모든 사랑에서 말이다.

수많은 실패 속에서 부서지고 무너지고, 다시 일어서기를 반복하며, 조금씩 성장하고 앞으로 나아가. 그렇게 쌓여온 시간들 속에서 결국, 나 자신을 사랑하는 법을 깨달아. 세상을 다정한 시선으로 바라보게 되지 않았을까?

어쩌면 다정함이란.

수많은 실패 속에서 상처받고, 다시 일어서기를 반복하는 고통 속에서도 여전히 세상을 따뜻하게 바라볼 수 있는 힘. 그것이야말로 진짜 다정함이 아닐까 싶다.

여전히 불완전한 우리에게

우리는 여전히 서툴고,
때로는 상처투성이일지라도,

그 상처 속에서 피어난 시선이
누군가에게는 온기가 된다.

그러니 조금 더 따뜻한 마음으로,
조금 더 다정한 말로,

오늘 하루를 살아가자.

사랑만 하기에도
너무 모자란 시간이니까.

무너져 버렸다 해도 괜찮아. 다시 일어서면 돼

누구에게나 무너지는 날이 있어요.

당신이 겪어온 상처들이
당신을 주저앉게 만들었던 순간들.

하지만,
그 모든 것들이
결국 당신을 더 단단하고
깊이 있는 사람으로 믿어가는 과정일지도 몰라요.

그러니,

"세상이 다 아니라고 하는데, 나만 못 알아듣나?"

하며 자책하지 말아요.

지금까지 버텨온 당신,
그 자체만으로도 충분히 소중한 사람이니까.

그러니 부디,
스스로를 따뜻하게 안아주길 바라요.

다시 일어서는 당신에게

중요한 건,
당신이 여전히 앞으로 나아가고 있다는 사실입니다.

지금의 아픔도
머지않아 구름처럼 흩어질 날이 옵니다.

거짓말 같지만, 정말이에요.
별일도 언젠가 '별일 아닌 일'이 됩니다.

그러니 무너졌다고 해서 끝이 아닙니다.
다시 일어서면 돼요.

그리고,
당신은 분명 다시 일어설 수 있습니다.

눈물이 위로가 되는 순간

사람들은 말하곤 하지요.
울고 싶을 땐, 그냥 울어버리라고.

눈물이 바다처럼 밀려와 가슴을 적실 때,
그 파도에 잠시 휩쓸려 흘려보내면
조금은 숨이 가벼워진다고.

그래서일까요, 아픔도 계절처럼
자리를 잡아 버리곤 합니다.

봄이 와도 끝내 남아 있는 잔설처럼,
여름의 뜨거운 햇살 속에서도
묵묵히 그늘을 드리우는 나무처럼.
가을이면 바람에 이리저리 흩날리는 낙엽처럼.
때로는 가볍게 스며드는 겨울 첫눈처럼,
그 아픔은 조용히 스며듭니다.

그러니, 너무 힘들 땐
꾹꾹 참고 눌러 담기보다는
눈물로 흘려보내길 바랍니다.

작은 상처로만 남을 수 있도록,
흉터가 되지 않도록 말입니다.

모든 순간이 위로가 되는 날

만약 모든 순간이 사랑이었던 날들이 있었다면,
언젠가 모든 순간이 위로가 되는 날도 올 겁니다.

오늘의 눈물이 흘러내린 자리에
언젠가는 따뜻한 햇살이 스며들고,

그 눈물이 마른 자리마다
당신의 마음은 조금 더 다정해져 있을 테니까요.

그저 그런 날도 있는 거야

살아가다 보면, 이유조차 알 수 없는 우울함에
휩쓸릴 날 있지요.

해가 떠오르기도 전,
창밖에 새벽빛이 스며드는 시간까지
눈물에 잠겨 지새운 적 있나요?

그런 내 모습이 불쌍하게 느껴져
가슴을 꼭 움켜쥔 채
스스로를 안아본 적 있나요?

밤비처럼 이유 없이 스며드는 슬픔도 있고,
겨울 바다처럼 차갑게 밀려드는 마음도 있습니다.

설명할 수 없는 서늘한 바람이
불현듯 가슴을 스쳐 갈 때도 있습니다.

그럴 때는, 그저
이런 날도 있구나 하시길 바랍니다.

네, 그저 그런 날도 있는 거예요

이유 없는 눈물도 괜찮아요

사람들은 묻습니다. "왜 울어?" "무슨 일 있어?"
하지만 꼭 이유가 있어야만 하는 걸까요?

설명되지 않는 아픔이 분명 존재합니다.

이유를 모른다고 해서
그 눈물이 가벼운 건 아니에요.

어떤 날은 노을처럼 서서히 번지다
밤바다의 물결처럼
고요히 밀려와 눈물이 되기도 합니다.

네, 그저 그런 날도 있는 거예요.

그러니 억지로 이유를 찾으려 하지 말고,
그저 나를 있는 그대로 받아들이면 됩니다.

아픔마저도 나의 일부니까요.

그 감정도 결국엔 지나가

"이제 그만해야지…"
마음속에서 수없이 다짐하지만,
어떤 때는 감정은 파도와 같아서
거세게 밀려올 때가 있다.

여전히 서랍 속 사진 한 장,
거리에 남아 있는 네 흔적,
함께 웃던 목소리까지도 지우지 못한 채
몇 번이고, 몇 번이고 되새긴다.

밤마다 실연 노래를 틀어놓고,
그때의 기억에 잠겨
끝내 울다 지쳐 잠드는 순간들.

새벽이 올 때마다 떠오르는 그날의 추억들,

닿을 수 없음에 내쉬는 긴 한숨.
첫사랑보다도 더 깊이 박혀버린 너를
이제는 정말 버리고 싶은데,
내 마음은 여전히 겨울비처럼 시리게
나를 가둔다.

하지만 언젠가,
이 눈물도 분명 마를 것이다.

밤비가 멎으면 아침 햇살이 비치듯,
격랑의 바다도 이윽고 잔잔해지듯,
그 감정도 결국엔 지나가고 말 것이다.

모든 감정은 흘러간다

사랑이 깊을수록 떠나보내는 일은 쉽지 않아요.

익숙했던 온기, 함께 웃던 순간,
사소한 일상까지도 머릿속을 맴돌 테지요.

애써 잊으려 해도, 문득 들려온 노래 한 곡,
거리에서 스친 풍경 하나가
다시금 마음을 흔들어 놓을 겁니다.

하지만 기억하세요.

지금은 끝나지 않을 것 같은 아픔도
시간이 지나면 눈처럼 녹아내립니다.

언젠가, 당신은 담담히 말할 수 있을 거예요.

"그때의 나는 참 많이도 사랑했구나." 하고. 말이죠.

그렇게,
모든 감정은 흘러가고, 그 자리엔 조금 더 단단해진 당신이 남게 될 겁니다.

내면의 목소리에 귀 기울이기

우리는 살아가면서 수많은 소리를 듣습니다.

사람들의 말, 세상의 소음, 그리고 때로는 침묵마저도 묵직한 소리로 다가오곤 하죠.

그렇게 바쁜 하루를 흘려보내며 해야 할 일들을 해내고, 정해진 틀 안에서 살아가다 내 안의 목소리가 점점 작아지는 것만 같을 때.

문득, 이런 생각이 스칠 때가 있습니다.

"나, 지금 괜찮은 걸까?"
"이렇게 살아도 되는 걸까?"
"내가 진짜 원하는 건 뭘까?"

아마 이 질문들은 오래전부터 마음속 어딘가에서 울려왔던 질문들일지도 모릅니다.
하지만 우리는 그 소리를 애써 외면하거나, 듣지 않으려 한 건지도 모르죠.

잠시 멈춰야 들리는 소리

삶은 강물처럼 흐르고,
기쁨과 슬픔은 계절처럼 되풀이됩니다.

무너지는 날과
다시 일어서는 날이 차곡차곡 쌓여 인생이 되듯.

그 속에서도,
적어도 나 자신만은 내 목소리를 들어줘야 합니다.

그 작은 속삭임이야말로
내가 나답게 살아가게 해주는 유일한 길이니까요.

그러니 가끔은 걸음을 멈추고.
겨울비 내린 뒤의 고요한 새벽처럼,
노을이 물드는 바닷가처럼,
세상의 소음을 내려놓고
나를 향한 속삭임에 귀 기울여 봅시다.

그 소리가 결국,
다시 나를 일으켜 세우는 힘이 될 테니까.

작은 용기가 만든 첫걸음

살다 보면
삶이 끝없는 제자리걸음처럼 느껴질 때가 있다.

어제와 다르지 않은 오늘,
내일도 별반 다르지 않을 것 같은 아침.
그 속에서 바꾸고 싶다는 생각은 수없이 했지만,
익숙한 어둠 속에 머물며 한 발 내딛는 일이 두려워 주저하곤 했다.

그러다 문득,
이런 물음이 마음 깊숙이 치고 들어왔다.

"이대로 괜찮은 걸까?
정말 이 길이 나에게 맞는 걸까?"

그 순간 깨달았다.
변화는 큰 결심에서 시작되는 게 아니라는 걸.

바람에 흔들린 나뭇잎처럼 작은 움직임 하나,
겨울밤을 밝히는 성냥불 같은 작은 용기 하나가
나를 앞으로 이끌 수 있다는걸. 그제야 알았다.
"아, 변화란 이렇게 오는 거구나. 아주 사소한 한 걸음에서 시작되는구나."

여전히 두려움은 곁에 남아 있었지만,
한 발 내디디자 과거보다
미래가 더 중요하다는 사실이 비로소 또렷해졌다.

그래서 나는 글을 쓰기 시작했다.

처음엔 어둠 속 기억을 토대로
무거운 글을 적었지만,
지금은 이렇게 앞으로 나아가라는
메시지를 남기고 있다.

혹시 과거의 나처럼 멈춰 서 있는 이가 있다면,
거창한 다짐이 아니어도 좋다.
그저 아주 작은 걸음.

그것이면 충분하다.

작은 걸음들이 쌓이고 쌓여,
어느 날 문득 깨닫게 될 테니까.

이미, 당신은 새로운 방향으로 나아가고 있다는 것을.

한 걸음이 열어주는 길

변화는 크고 화려한 다짐이 아니라,
아주 작은 용기 하나에서 시작됩니다.

익숙한 자리에 오래 머물러 있으면
안정은 찾을 수 있지만, 언젠가 그 안에서
스스로를 잃어버린 듯 느낄 수도 있습니다.

만약 지금 당신이 망설이고 있다면,
느려도 괜찮습니다.

겨울비가 그치고 맑은 새벽이 오는 것처럼,
한 걸음, 한 걸음씩 내딛다 보면
어느 순간 달라진 풍경 앞에 서 있을 거예요.

그리고 뒤돌아본 그 자리에서 알게 될 겁니다.

이미 새로운 당신이 되어 있었다는 것을.

지금은 잠시 쉬어가도 괜찮아요

살다 보면, 사랑한다는 말조차
닿지 않는 순간이 있습니다.

가장 가까운 이의 목소리조차
메아리처럼 공허하게 번지고,
그저 밤바다의 깊은 수면 아래로 가라앉듯
홀로 잠겨버리는 때가 있지요.

그런데도 우리는 여전히 살아 있습니다.

그리고 지금, 이 글을 읽고 있는 당신의 존재가
그 사실을 조용히 증명하고 있어요.

사는 게 너무 벅차고,
마음이 아려와 텅 빈 바람처럼 흔들린다면

괜찮습니다. 그저 당신만의 자리에 앉아,

잠시 숨 고르듯 쉬어가도 돼요.

넘어졌다고 해서 실패가 아니고,
잠시 멈췄다고 해서 멈춰 선 인생도 아닙니다.
우리는 그렇게,
한 걸음씩이라도 묵묵히 걸어왔으니까요.

지금까지 애써온 당신, 정말 수고 많았어요.

때론 노을이 하늘을 비우고 다시 어둠을 채우듯,
우리 삶에도 멈춤이 필요합니다.

그러니 오늘은 잠시
고양이처럼 웅크려 쉬어가도 괜찮아요.

잠시 멈추어도 괜찮아

그러니 당신아,
지금까지 버텨 오느라 정말 고생 많았다.

그러니 지금은 잠시 멈춰서서,
천천히라도 좋으니, 깊게 숨 고르고 가자.
충분히 쉬고 난 다음에 다시 나아가자,

그렇게 다시 걸어 나설 힘이 돌아올 때
당신은 분명 또 앞으로 나아갈 수 있을 거다.

지금까지 그래왔던 것처럼

결국, 그 또한 사랑이라는 것을

너를 사랑한다는 건 내 전부였지만,
어쩌면 그 순간만큼은
내가 나 자신을 가장 사랑했던 시간이기도 했다.

내 하루의 시작과 끝은 늘 네게 닿아 있었고,
이제는 너의 부재를 그리워하는 일로
나의 시간들을 채우고 있다.

그래, 너를 사랑하는 일은
곧 나를 가장 사랑했던 시간이었지만,
너를 사랑했던 시간은,
다시 한번 나를 잃어버리는 일이기도 했다는 걸
나는 또 한 번 배웠다.

봄날 들판에 잠시 머문 바람처럼, 찬란했으나 짧았던 그 시절. 그리고 그 끝에 남은 건

그래,

결국 그 또한 사랑이었구나

다시 사랑을 준비하는 당신에게

그래, 그렇게 마음을 다해 사랑했던 당신아.
이별 앞에서 무너져 있는 지금 이 순간에도,
이 글을 읽으며 잠시라도 숨을 고르고 있다면,
이미 충분히 잘 해내고 있는 거라는 걸 말하고 싶다.

사랑이 남긴 상처가 크더라도,
그 흉터는 당신이 다시 일어서는 증거가 될 것이고,
새벽마다 흘린 눈물이 언젠가 별빛을 닮아 반짝일 날이
올 테니까.

그러니 잊지 않았으면 한다.
당신은 끝내 자신에게 가장 다정한 사람이라는 것을.

아무리 수천, 수만 번 '사랑한다' 말해도 결국 이루어질 수 없다면, 그 인연은 거기까지인 겁니다. 그러니 이제 그만 놓아주세요.

상대가 정말 당신을 사랑했다면, 핑계 대신 당신을 필요로 했을 거예요.

흔들리는 날들 속에서, 배운 것들

살다 보면, 모든 게 뒤엉킨 듯 버거운 날들이 있습니다.

무엇을 위해 걷는지, 어디로 향하는지도 알 수 없는 채로, 그저 하루를 견디며 버티는 순간들.

그 속에서 나는 스스로를 자주 미워했지요.

"왜 이렇게밖에 못 살까."
"왜 더 잘하지 못할까."

몇 번이고 마음을 구겨내며 자책하던 날들.

하지만 시간이 지나고, 마음이 조금 무뎌지는 어느 날 문득 깨달았습니다.

'그때의 나도, 정말 열심히 살고 있었구나.'

모든 걸 잘하고 싶어서, 사람들의 기대에 부응하고 싶어서, 그저 버티는 일조차 최선을 다하고 있던 나를, 이제야 알아차린 거예요.
그래서 저는 천천히, 아주 천천히, 수없이 넘어졌던 과거의 나에게

"괜찮아, 잘했어." 하고 속으로 말하며
다시 일어섰습니다.

그리고 알게 되었어요.
살아가며 내리는 선택들이 늘 옳지 않아도 괜찮다는 것을. 가끔은 멈춰 서도, 한쪽으로 기울어도, 아무것도 하지 않아도 괜찮은 날이 있다는 것을.

흔들리던 날들 속에서,
저는 내 마음을 다시 붙잡는 법을 배웠습니다.

앞으로 나아가는 속도보다, 내 마음을 놓치지 않는 것이 더 중요하다는 사실을 말이죠.

지금도 여전히 흔들리는 날은 많습니다.

하지만 이제는 압니다. 그조차도 나를 더 이해하고, 조금씩 단단하게 다져가는 시간이라는 것을.

그러니, 당신도 해낼 수 있어요.
저도 해냈는데 당신이라고 못할까요.

흔들려도 괜찮다는 말

그러니, 당신.
혹시 지금 흔들리고 있다면,
제발 너무 자책하지 마세요.

우리는 누구의 기대를 위해 살아가는 게 아니라,
결국은 나 자신을 조금 더 이해하기 위해
살아가는 사람들이니까요.

흔들림은 곧 내가 살아 있다는 증거이고,
그 흔들림 속에서 우리는
자신을 더 깊이 알아가게 됩니다.

그러니 지금은 괜찮지 않아도 괜찮습니다.

조용히, 묵묵히, 그렇게 살아가길

상처는 언제나 예상하지 못한 순간에 찾아왔어요.

아무 일 없던 하루 속에서
조용히 마음을 건드리고,
나를 무너뜨릴 만큼 아무렇지 않게
스며들곤 했죠.

그렇게 무너지고,
흩어지고,
다시 일어서기를

수없이 반복했어요.

그러다 문득.

그 모든 아픔 속에도 어쩌면
아주 작은 희망이 숨어 있었구나,
하는 생각이 들었어요.

누군가는 '이제는 괜찮아졌겠지'라고 말하겠지만,

사실 괜찮아지는 건 시간이 해결해 주는 게 아니라
내가 나를 이해해 주는 속도만큼
조금씩 나아지는 거더라고요.

그래서 나는 이제 누구의 시선도
누구의 걸음도 따라가지 않기로 했어요.

그저 나만의 속도로,
내가 숨 쉴 수 있는 만큼 천천히,
아주 천천히 하루하루를 걸어가기로 했어요.

상처는 여전히 내 안에 남아있지만
그 상처를 안고 살아가는 내가,
더는 부끄럽지 않아요.

그 틈새에서 피어난 작고 여린 희망이

어느 날 인가부터,
오늘처럼 잔잔히, 별빛처럼 은근히,
내 마음 어딘가를 다시 밝혀주고 있으니까요.

당신의 걸음에도 빛이 있다는 것

아직 크게 웃을 수 없어도 괜찮습니다.

언젠가 더 편안한 마음으로
환히 웃게 될 날이 반드시 올 거예요.

그러니 오늘은 그저, 한 걸음. 또 한 걸음.
당신만의 속도로 묵묵히 살아가면 됩니다.

그리고 잊지 마세요.

지금 이 자리에서 버텨내고 있는 당신도
이미 충분히 잘 살아가고 있다는 것을.

포기하고 싶었던 순간,
스스로에게 전하는 따뜻한 위로

정말 모든 걸 내려놓고 싶었던 날이 있었어요.

아무것도 하지 않고,
그저 세상에서 조용히 사라지고 싶었던 순간들.

누군가에겐 사소한 일처럼 보였을지 몰라도,
그 하루는 내겐 끝없는 파도 같았고,
몸을 가라앉히는 짙은 바람 같았어요.

숨조차 고르기 힘들 만큼 무거운 날들이었죠.

그런 때에는,
아무런 말도 위로가 되지 않았습니다.

"괜찮아질 거야"라는 말은
오히려 내 상처를 더 깊게 긁어내렸어요.

그래서 나는 그저 내 마음을 끌어안은 채,
그 고요한 밤을 홀로 흘려보낼 수밖에 없었죠.

스스로에게 보내는 말

시간이 지나고 나서야 알게 되었어요

그 순간들이 단순한 포기가 아니라,
끝까지 버텨냈다는 증거였다는 걸.

무너져 있던 나조차 결국은 나를 놓지 않았다는걸.

-

지금도 가끔
모든 걸 내려놓고 싶어질 때가 있어요.

그럴 때마다 나는 나에게 조용히 말합니다.

"그래도 여기까지 왔잖아.
오늘도 끝까지 살아냈잖아."

조금 느리고, 부족해도
지금 이 모습 그대로 괜찮다고.

세상은 알아주지 못한 말,
누구도 대신 건네주지 못한 마음을
내가 나에게 건네는 순간,
그것이야말로 가장 따뜻한 위로가 된다는 걸
이제는 압니다.

아마 그게 우리가 여전히 살아가고 있는
이유일지도 모르겠어요.

너 없이도 살아진 날들

신기하지. 그렇게 아프고 숨조차 막혔는데도
시간은 어느새 나를 데리고 흘러가더라.

사랑의 끝자락에서 나는 매일 무너졌고,
아무렇지 않은 척 웃다가도,
밤이 오면 바람에 젖은 낙엽처럼
조용히 울며 하루를 넘기곤 했지.

그러다 문득,
너 없는 오늘이 어떻게 이어져 왔는지
나 스스로도 알 수 없을 때가 있어.

처음엔 답장을 기다리던 밤이
끝도 없이 길었고, 네가 사라진 세상은 낯설고
숨 막혀 살아내는 법조차 잊을 만큼 아팠는데,

이상하게도 그 모든 것에 조금씩 익숙해져 버렸어.

혼자서만 이어가던 사랑은
참 길고도 고단한 길이었지.

이미 니 마음이 떠났다는 걸 어렴풋이 알면서도,
모른 척, 아니면 모를 수밖에 없는 척,
끝내 사랑하려 애썼던 날들.

그래서일까.
지금도 가끔은 더 미안하고, 더 그리워져.

나는 너를 지운 적이 없는데,
너 없이도 살아지고 있다는 게

어쩔 수 없이 더 슬프게 다가와.

그래서 이제는,
조금은 나 자신을 안아주고 싶어.

너에게 다 쏟아내고 남은 마음을
이제는 나에게 조금 더 내어주고 싶어

아직도 네가 그립지만,
그럼에도 나는 오늘도 이렇게 살아지고 있어.

그게,
지금의 나야.

당신에게 전하는 조용한 권유

누가 뭐라 한 것도 아닌데 괜히 초라해지고,
어디에도 닿지 못한 듯 마음이 흩어질 때가 있지.

남들의 삶에 휩쓸리는 것 같아
조용히 무너지고 있는 당신에게,

조심스레 말해주고 싶어.

이제는, 조금 다르게 살아도 괜찮다고.

누군가의 속도를 좇는 삶이 아니라,
세상의 잣대에 매달리는 삶이 아니라,
당신만의 호흡으로 하루를 지켜내면 어떨까. 하는...

그게 크고 멋진 것이어야 할 필요는 없어.

긴 하루 끝에 스스로를 다정히 안아주는 일,
한숨을 고르고, 무너지지 않게
마음을 살포시 보듬는 일만으로도 충분해.

그런 작은 일들이 모여
어쩌면 당신을 지켜주는
하나의 이유가 되어줄지도 모르니까.

넘어지는 날에도 그 이유 하나만은 꼭 붙잡고,
그 안에서 아주 작고 조용한 기쁨들이라도
하나씩 찾아내며.

세상이 뭐라 해도,
조금 느려도 괜찮고,
잠시 멈춰 있어도 괜찮으니까.

당신만의 길로, 당신의 속도로,
그렇게 살아가 보길

나는 권하고 싶어.

아직은 괜찮습니다

혹시 지금 당신이 조용히 무너지고 있다면,
이 말 하나만은 잊지 말아요.

아직은 괜찮습니다

이 글을 읽으며 잠시라도 숨 고르고 있다면,
당신은 이미 자신을 잃지 않기 위해
다시 살아내고 있는 거예요.

세상이 건네지 못한 다정함을
지금 당신은 스스로에게 건네고 있잖아요.

그 사실 하나만으로도,
당신은 충분히 잘 해내고 있다는 걸

부디 잊지 않길 바랍니다

오늘의 나에게, 따뜻한 응원을

언제부턴가 내 안의 가능성을
하나둘 의심하기 시작했지만,
그럼에도 불구하고 당신은 분명히,
여기까지 와 있어

그러니 이제는 과거의 그림자보다
현재의 당신을 위해 더 다정한 선택을 해주기를.

오늘의 당신을 향해
조용한 응원 한마디를 건네며 살아 보기를.

가끔은 기억들이 너무 선명해서
다시 꺼내는 것조차 아플 때가 있겠지만
그 순간들이 있었기에 당신은 한때 찬란했었고,
앞으로도 또다시 빛나는 날이 올 거라는 걸

믿어 보기를 바라

그러니까, 그때처럼

조금 더 자신을 믿고, 조금 더 자신을 안아주면서
새로운 찰나들을 모아가자.
무엇이 되지 않아도, 누구에게도 보여주지 않아도 괜찮으니까

오늘만큼은 내가 나에게
가장 다정한 하루이기를 바라

조금 더 믿어보자, 지금의 나를

더 이상 나 자신을
무심히 밀어내지 않았으면 해

이미 흘러가 버린 과거의 그림자가 아니라,
오늘 이 자리에서
묵묵히 버티고 있는 나를 바라보자.

조금은 더 믿어보자.

아직도 내 안에는
다시 길을 걸어갈 힘이 남아 있다는걸.

겨울 끝에 어김없이 봄이 오는 것처럼,
밤바다의 어둠 속에서도 별빛이 숨어 있는 것처럼,

우리 안에도 아직,
따뜻하게 살아낼 힘이

조용히 깃들어 있다는걸

생각보다 우리는 잘하고 있었다

처음엔 그저 버틴다고만 생각했어요.

아무렇지 않은 얼굴로 하루를 넘기고,
웃고 떠드는 척했지만 사실은 그저 살아지는 대로
살아낸다고 믿었죠.

그런데 문득 돌아보니,
그 모든 시간 속에서
우리는 생각보다 훨씬 잘하고 있었더라고요.

무너졌다가도 다시 일어났고,
흔들리면서도 스스로를 다잡았고,
누구에게도 들키지 않게 아주 조용히 자기 마음을 붙잡고 있었잖아요.

그게 얼마나 대단한 일이었는지,
그땐 미처 알지 못했을 뿐이에요.

속도가 느려도 괜찮았어요.

가끔 멈춰 서 있어도, 발걸음이 자꾸 흔들려도
결국엔 한 걸음씩 나아가고 있었던 거예요.
누군가는 눈에 보이는 성장을 말하겠지만,
우리는 알아요.

무너지지 않고 살아내는 것 자체가
얼마나 큰 용기였는지.

그러니까 이제는
우리 자신을 조금 더 다정하게 바라봐 줬으면 해요.

흔들리면서도 끝내 여기까지 걸어온 나를,
지치고 불안하면서도
결국은 오늘까지 살아낸 당신을.

그래요.
생각보다 우리는 참 잘하고 있었던 거예요.

마치 긴 겨울을 견딘 나무가 다시 새순을 틔우듯이.

이제 우리는 안다. 흔들렸어도, 멈췄어도,
그 모든 시간이 헛되지 않았다는걸.

그래서 다음 길은 조금 더 단단하게,
또 조금 더 다정하게 걸어갈 수 있으리라는 걸.

4장
그 모든 시간들이 결국 나를 지켜냈다

끝이라고 생각한 순간에도, 우리는 여전히 여기까지 왔다. 눈물 속에서도, 고요한 침묵 속에서도, 우리는 서로의 그림자가 되어 걸어왔다.

이제는 안다. 무너짐은 부끄러운 흔적이 아니라, 다시 일어설 수 있는 사람만이 겪는 시간이었다는 것을. 사랑이 남긴 상처도, 버거웠던 기억도, 결국은 나를 지켜낸 증거였다.

그러니 오늘도 괜찮지 않아도 된다.

천천히라도, 아주 느리게라도, 그저 한 걸음씩 내디딘다면 충분하다. 길을 잃어도 괜찮다. 별빛은 어둠 속에서만 빛나고, 행복은 때로 길을 돌아서 찾아오기 때문이다.

생각보다 우리는, 정말 잘하고 있었다.

이 모든 시간 끝에,
우리는 다시 나를 안아줄 수 있게 되었으니까.

넘어진 순간에도 우리는 일어서고 있었다

넘어졌다는 걸 한참 지나서야
깨달았던 날들이 있었다.

그땐 그저 힘들다고만 여겼고.
모든 의욕은 사라지고,
하루는 버티는 것만으로 흘러가던 날들.

돌아보니, 그것이 곧 내가 쓰러져 있던 시간이었더라.

그런데 신기하게도 마음은 조용히,
그러나 분명히 다시 일어나고 있었다.

비틀거리며 주저앉고, 눈물에 잠시 숨조차 가빠와도,
그 속에서 어딘가 다시 일어서고 있던
나를 발견했다.

마치 지금 이 글을 읽고 있는 당신처럼.
아니, 사실은 우리 모두가 그랬다.

누가 등을 밀어주지 않아도,
기다려주지 않아도, 그저 살아야 했기에

넘어진 날들을 부끄러워하지 않기를

우리는 저마다의 방식대로 한 걸음,
또 한 걸음을 내딛습니다.

그리고 그 발걸음이 느리다 해도 괜찮아요.

아무에게도 보이지 않는 자리에서였어도 괜찮습니다.
그건 이미 충분히 대단한 일이었을 테니까요.

결국 우리가 지금 이 자리에 설 수 있었던 건,
그때 넘어진 그 자리에서
묵묵히 다시 일어나기로 했던 마음 덕분인걸요.

그러니,
넘어졌던 날들을 부끄러워하지 않았으면 해요.

그건 오히려 일어설 줄 아는 사람만이
겪을 수 있는 시간일 테니까요.

지금의 당신과 나,
우리처럼 말이죠.

견뎌낸 시간들은 모두 의미가 있었다

가끔은, 아무것도 할 수 없는 날들이 있었다.

그저 눈을 뜨고, 숨을 쉬는 것만으로도 벅찼던 날들. 이불 속에 웅크려, 오늘 하루만 무사히 지나가기를 바라던 순간들. 움직이기 싫어서가 아니라, 무너진 마음에 도무지 몸을 일으킬 힘을 주지 못했던 날들이었다.

그럼에도, 어떻게든 하루를 버텼다.

조금씩이라도 밥을 삼키고, 억지로라도 눈을 떠 세상을 한 번 바라보고, 주저앉은 마음을 끌어당겨 겨우 다시 일어섰다. 한 걸음 내딛는 것도 망설였지만, 그 작은 걸음조차 결국은 나를 어디론가 데려다주었다.

머무르는 게 두려운 날에도, 길이 잘못된 건 아닐까 흔들리던 순간에도, 우리는 멈추지 않고 걸었다.

물론, 그 과정에서 무너진 날들이 더 많았다.
괜찮지 않았던 날들이 훨씬 많았다.

기대했다 무너지고, 기대하지 않으려다 또다시 무너지고

그럼에도 살아보겠다고 하루를 붙잡았다.
웃음은 어색했고, 눈물은 더 익숙했다.

그런데도 가끔은, 이유 없는 웃음이 스며들기도 했다.

길모퉁이의 고양이 한 마리, 바람결에 흔들리던 작은 꽃 한 송이, 텅 빈 거리 위의 노을 같은 것들이 뜻밖에 마음을 가만히 어루만져 주었다.

그 모든 순간들이, 결국 나를 지켜주었다.

무너지면서도 나는 여전히 살아 있었고, 부서지면서도 다시 걸어 나왔다.

생각보다 잘 버텼다.

참 많이 무너졌지만, 그만큼 다시 일어섰다. 아무것도 변하지 않는 듯 보였던 하루들이 쌓여, 결국 우리를 지금 이 자리로 데려다주었다.

그러니 오늘도 괜찮지 않아도 괜찮다.
주저앉아도, 울어도, 다시 한 걸음만 뗄 수 있다면 그걸로 충분하다.

좋은 날이 오지 않더라도, 반드시 좋은 순간은 찾아올 테니까.

-

오늘도 우리는,
우리를 포기하지 않고 살아가고 있다.

그리고 그건,
생각보다 훨씬 잘하고 있는 것이다.

끝이라고 생각했던 순간에도

사랑해.
널 있는 그대로,

조금도 보태거나 덜지 않고, 지금 이 순간의 너를.

별빛을 머금은 너의 눈물을
조심스레 닦아주고 싶을 만큼.

그 눈물이 반짝일 때조차 너는 여전히 아름다워서, 나도
모르게 미소 짓게 될 만큼.

그러니, 나와 함께하자.
혹시 또 주저앉아 버릴 것 같을 때도 괜찮아.

네가 다시 일어설 때까지, 얼마나 시간이 걸리든
내가 네 곁에서 작은 버팀목이 되어줄게.

숨이 차고 마음이 무거운 날에도, 잠시 기댈 수 있도록,

언제나 같은 자리에 있을게.

끝이라고 생각했던 순간에도,
우리는 결국 여기까지 왔잖아.
그러니 우리, 함께 걷자.

행복으로 향하는 길은 내가 미리 살펴둘게.
조금 늦어도 괜찮고, 길을 잃어도 괜찮아.

우리 둘이라면, 결국 다시 길을 찾아낼 테니까.

만화경처럼 고요히,
그러나 화려하게 빛나는 곳으로 가자.

그곳에서 소리 없이 쌓여가는
아름다운 순간들 속에서

가치 있는 삶을,
소중한 시간을,

함께 만들어가자.

끝이라고 생각했던 순간에도, 우리는

네가 무너질 것 같던 하루에도,
모든 걸 놓아버리고 싶던 밤에도,

우리는 결국 이렇게 여기까지 왔잖아.

그러니까, 우리 함께 가자.

조금씩, 천천히,

행복을 향해.

버거웠던 날들, 부여잡은 밤들

서툴렀다. 어설프게 다가갔고, 어설프게 사랑했다.
때로는 모진 말로 서로를 아프게 하기도 했지만,
사랑하는 마음만큼은 언제나 진심이었다.

숨이 막힐 만큼 버거운 날에도
손끝 하나 놓지 않으려 애썼고, 무너질 것 같아 눈을 감고 싶던 밤에도, 서툰 손으로 서로를 부여잡았다.

끝이라고 믿었던 순간에도
우리는 부서진 마음을 몇 번이고 꿰매며
흔들리면서도 중심을 잃지 않으려 애썼다.

포기하고 싶었던 마음을 수없이 넘기며
그렇게 살아냈고, 그렇게 사랑했다.

그러나 결국, 우리는 헤어졌다.
아무 말로도 다 표현할 수 없는

조용하고 긴 이별이었다.

사랑했지만,
모든 사랑이 끝까지 닿을 수 있는 건 아니었으니까.

서툴렀지만, 결국은 진심이었다

서툴렀지만,
그때의 사랑은 누구보다 뜨겁고 아팠을 거야.

그래서 오래 머물렀고, 그래서 오래 흔들렸겠지.

하지만 언젠가는 알게 될 거야.
모든 끝이 모든 것을 부정하는 건 아니라는 걸.

어설펐던 나도, 서툴렀던 당신도,
결국은 진심이었다는 걸.
그렇게 우리는 배워가는 거야.

사랑이란, 사람을 단단하게도 하고
한없이 부드럽게도 만든다는 것을.

그러니 이제는, 다가올 사랑을 위해
다시 사랑할 수 있는 나를 위해

조금 더 다정하고, 조금 더 단단한 내가 되기를.
그날의 흔들림조차,
결국은 더 좋은 사랑으로 이어지기를.

다만 느렸을 뿐이야

모든 게 끝난 것 같았다.

텅 빈 마음 위로
무너진 날들이 차곡차곡 쌓여 갔다.
숨 쉬는 것마저 벅찼던 날들,
그저 하루를 버티는 것만이
유일한 선택처럼 느껴졌던 시간들.

그때 나는 아마도,
더 이상 살아내고 싶지 않았는지 모른다.

그러다 어느새,
나를 놓아버린 그 자리까지 조용히 흘러와 있었다.

그럼에도 불구하고.
상처투성이인 채로, 버겁고 아팠던 모든 날 속에서도
나는 끝내 나를 포기하지 않았다.

완벽하지 않았지만 나는 나를 붙잡았다.

무너진 채로 울면서도,
주저앉으면서도,
그 자리에서 아주 천천히, 다시 살아내고 있었다.

다만, 느렸을 뿐이다.

멈춘 것 같았던 그 시간들조차
사실은 나를 앞으로 밀어주고 있었다는 걸

나는 한참 뒤에서야 알게 되었다.

조금 늦어도, 결국 나아가고 있는 우리

그러니 당신.

혹시 지금,
멈춰 선 것 같아도 괜찮아.

주저앉아도 괜찮고,
울어도 괜찮아.

조금 더 천천히 걸어가도 돼.

멈춘 줄만 알았던 그 시간들조차
결국은 앞으로 나아가는 길이었다는 걸,

당신도 언젠가 분명 알게 될 거야.

그러니 스스로를 다그치지 말고
오늘의 당신을 조용히 안아주길.

생각보다 우리는,
정말 잘하고 있었으니까.

어느 외로운 마음에 전하는 글

사람 사이에서, 그리고 사랑 안에서
살아오며 셀 수 없이 많은 상처를 받아왔을 당신.

그중 어떤 건 차마 말로 꺼내기도 어려웠고,
어떤 건 시간이 흘러도 여전히 아물지 않아
마음 깊은 서랍 속에 고이 감춘 채,
앞으로 살아가며
몇 번이고 다시 다칠 수도 있다는 걸 알면서도,
그럼에도 묵묵히, 자신의 길을 걸어온 당신.

그래서 문득 생각합니다.

어디로든, 어떻게든 끝내 포기하지 않고
여기까지 걸어온 당신은
그동안 얼마나 많은 것을 견뎌냈을까.

당신의 고통이 담긴 총량은.

도대체 얼마나 깊고,

얼마나 어두웠을까.

당신은 이미 충분히 강한 사람입니다

무너지지 않으려 애쓰던 하루들 속에서,
당신은 이유 없는 외면도 받아봤을 거예요.

아무 말 없이 떠나는 이도 겪었을 거고,
때로는 말보다 침묵이 더 아프다는 것도
몸으로 배웠을 거예요.

그럼에도 불구하고,
당신은 여전히 사람을 믿고,
사랑을 기억하고,
홀로서도 하루를 살아내고 있죠.

그건 약해서가 아니라,
끝을 알아본 사람만이 보여줄 수 있는 단단함이에요.

그러니 부디 이 말을 믿어주세요.

당신이 견뎌온 고통은 결코 사소하지 않았고,
그 시간들을 버텨온 당신은,

생각보다 훨씬 더 강한 사람이라는 걸요.

오죽했으면

어떻게 보면, 나는 이기적인 사람이었다.

늘 내 감정을 먼저 들여다보고, 조금이라도 불편하면 거리를 두며, 상처받기 싫어 먼저 등을 돌리던 사람이었다.

그런 내가,
오죽했으면 나 자신을 잃어가면서까지,
당신을 사랑했을까.

말끝마다 조심했고, 당신의 눈치를 살피며 하루를 시작하고 마무리했다. 내 마음보다 당신의 기분을 먼저 헤아렸고, 내가 하고 싶은 말보다, 당신이 듣고 싶어 할 말을 골라 말했다.

사람들은 말한다.
사랑 다음엔 이해가 있고, 그 끝에는 결국 포기가 있다고 하지만 나에겐 그 끝은 나조차 낯설어질 만큼 무너져 버린 내가 남아 있었다.

그때는 몰랐다. 그게 사랑만으로는 충분하지 않다는걸.

나는 다 주어도 모자란 사랑을 했지만, 그 사랑은 끝내 나 하나만 남기고 흩어졌다.

당신을 잃고 난 후에야,
나도 나를 잃어버렸다는 걸 알았다.

이기적이던 내가, 세상에서 가장
이타적인 방식으로 당신을 사랑했던 그 시간들.

지금 돌아보면 서글프기도 하지만,
그만큼은 진심이었기에 후회하지 않는다.

다만, 이제는 바란다.

다음 사랑에서는 나를 먼저 잃지 않기를.
내 마음도 함께 사랑받기를.

그리고 언젠가,
그런 사랑을 하는 내가 조금 더 나답기를.

당신은 사랑 앞에서도 충분히 진심이었어요

오죽했으면,
자신을 잃어가면서까지 사랑했을까요.

그만큼 그 사랑은 간절했고,
뜨거웠고, 무엇보다 진심이었어요.

그러니 부디 다음 사랑에서는,
당신도 당신답기를 바라요.

사랑 안에서 당신의 마음이 함께 존중받고,
당신 자신이 더 단단히 지켜지기를.

사랑은 상대를 위한 것이기도 하지만,

그 안에서 나를 잃지 않고
나답게 머무는 일이야말로

가장 아름다운 사랑의 모습이니까요.

가장 애틋한 거짓말

거짓말에 또 다른 거짓말을 얹다 보면, 결국은 나 자신도, 상대방도 잃어버릴 수밖에 없는 순간이 찾아오곤 합니다.

하지만 그럼에도 불구하고

어쩌면, 거짓말이야말로, 가장 애틋한 사랑의 형태였던 건 아닐까 하는 생각이 들기도 합니다.

상처가 될까 봐 감춰버린 진심들,
붙잡고 싶으면서도 도리어 밀어내야 했던 마음들.

"행복하라"는 짧은 말 뒤에 숨어 있던 수많은 후회와 미련.

솔직하지 못한 시간들 속에서도, 우리는 가장 간절한 마음을 서툴지만 다정하게 전하고 있었는지도 모르겠습니다.

거짓말 속에 담긴 진심

정직한 이별보다 불완전한 사랑이 더 따뜻하게 남는 날이 있듯, 사랑은 때로 솔직한 고백보다 상처 주지 않으려는 거짓말로 기억될 때가 있습니다.

그건 차라리 조용한 배려 같고,
말하지 못한 다정함 같아서일까요.
어쩌면 가장 오래 마음에 남는 건,
그렇게 조심스레 감춘 거짓말일지도 모르겠습니다.

-

조용한 배려처럼,
말하지 못한 다정함으로. 상처 주지 않으려는 마음이,
때로는 거짓말이 되어버리기도 하죠.

그러나 그 말속에는
오히려 더 간절한 마음이 숨어 있었을 거예요.

애써 감춘 말들이 결국은 "사랑이었다"는 사실,
그걸 알게 되는 순간이 오면,
우리는 그 거짓말조차 애틋하게 기억하게 되지 않을까요.

그렇다고 너무 자주 돌아보지는 말고

사람들은 말하곤 한다.
과거를 돌아보는 건 미련한 일이라고.

이미 지나간 시간은, 되돌릴 수도 없는 기억이니
붙잡아 봐야 달라질 게 없다고.

그런데 참 이상하다.

우리는 그 '미련한 짓'을 하고 나서야,
비로소 깨닫게 되는 순간들을 맞이한다.

그때 왜 아팠는지, 왜 그렇게 애썼는지.
무엇을 잃었고, 또 무엇이 나를 지켜주었는지.

결국, 지나온 날들을 조용히 들여다본 후에야
다시 한 발짝, 앞으로 내디딜 수 있게 되는 것 같다.
그러니 혹여 미련해 보여도 괜찮다.

그 미련의 끝에 놓인 깨달음만큼은
스스로에게 허락해도 좋다.
때론 돌아봐야, 다시는 돌아가지 않게 되니까.

돌아봄 속에서 얻은 힘

가끔은, 정말
미련한 듯 과거를 자꾸 돌아보게 되죠.

하지만 그 안에서 우리는 왜 힘들었는지,
왜 버텼는지를 배웁니다.

그 기억이 있기에 다시 앞으로 걸을 수 있고,
결국 지금의 내가 된 거예요.

그러니 그 미련조차도,

당신이 더 단단해지기 위한
과정이었음을 잊지 마세요.

단 한 걸음이면 충분하니까요

삶이 우리를 무너뜨릴 순간은,
우리가 정할 수 없는 때에 찾아옵니다.

어떤 날은 예고도 없이 쓰러지고,
어떤 순간은 이유도 모른 채 주저앉아 버리기도 하지요.

하지만 다시 일어설 순간만큼은,
우리가 선택할 수 있습니다.

그러니 너무 멀리 바라보지 말고,
그저 단 한 걸음만 내디뎌 보아요.

책 한 장을 읽는 일이든,
음악 한 곡을 듣는 일이든,
잠시 산책을 나서는 일이든,
아주 작은 목표 하나를 세우는 일이든.

그 단 한 걸음이,
반드시 우리를 다시 일으켜 세워줄 테니까요.

그리고 언젠가 문득 알게 될 거예요.
넘어지고 무너졌던 모든 순간조차,
결국은 우리를 단단하게 만들어주었다는걸.

앞으로도 우리는 수없이 흔들리고 쓰러지겠지만,
그럴 때마다 다시 깨닫게 되겠지요.

우리는 이미,
다시 일어서는 법을 배운 사람들이라는 것을.

삶이 무너뜨린 순간마다 우리는 끝이라고 믿었지만,
결국 이렇게 여기까지 와 있잖아요.

그러니 조급해하지 않아도 돼요.
오늘은 단 한 걸음이면 충분해요.

그 작은 걸음이 모여
우리를 다시 앞으로 데려다줄 테니까요.

에필로그

우리는 수없이 넘어졌지만,
그럼에도 수없이 다시 일어섰습니다.

때로는 너무 느려 보였고, 멈춰 선 것처럼 보였지만, 사실은 늘 앞으로 나아가고 있었습니다.

그 모든 흔들림과 버거움 속에서도,
우리는 우리를 포기하지 않았습니다.

결국 지금의 우리가 여기까지 걸어올 수 있었던 건,
그 무너짐 속에서도 묵묵히 자신을 일으켜 세운 날들이 있었기 때문입니다.

그러니 부디 잊지 마세요.

당신이 견뎌낸 날들은 결코 헛되지 않았고, 지금 이 순간의 당신은 생각보다 훨씬 더 잘 살아내고 있다는 것을.

그리고, 이 책은 결국
넘어지고, 흔들리며, 다시 일어선 우리 모두에게 건네는
기록입니다.
그저 당신에게,
"괜찮다"고 말해주고 싶었던 사람의 기록이었음을,

다시 한번 마지막으로 전합니다.

무너지는 법을 먼저 배운 당신에게

초판 1쇄 인쇄 2025년 10월 01일
초판 1쇄 발행 2025년 10월 01일

지은이　　지란지교

디자인　　포레스트 웨일
펴낸이　　포레스트 웨일
펴낸곳　　포레스트 웨일
출판등록　제2021-000014 호
주소　　　충청남도 아산시 탕정면 용머리길 40 유니콘101 216호
전자우편　forestwhalepublish@naver.com

종이책　　979-11-94741-50-3

ⓒ 포레스트 웨일 | 2025
- 이 책은 저작권법에 의하여 보호받는 저작물이므로 무단 전재와 복제를 금합니다.
- 이 책 내용의 전부 또는 일부를 이용하려면 사전에 저작권자와 포레스트 웨일의 서면 동의를 얻어야 합니다.

작가님들과 함께 성장하는 출판사
포레스트 웨일입니다.
작가님들의 소중한 원고를 받고 있습니다.
forestwhalepublish@naver.com